一輩子很長，要和有趣的人在一起

慕容素衣 著

#

狂妄卻狹隘的人總是坐井觀天，

殊不知天外有天，無垠之外更有無垠。

如果這世界上所有人都按照別人的標準去做，
去一樣的地方，做一樣的事，
奉行一樣的價值觀，那豈不是千篇一律，
所有人都過著公式化的無聊生活？

縱然人生是苦的，

也別忘了往裡面加一點甜。

熱鬧的人很多，有趣的靈魂太少。

一輩子很長，

要和溫暖有趣的人在一起才美好。

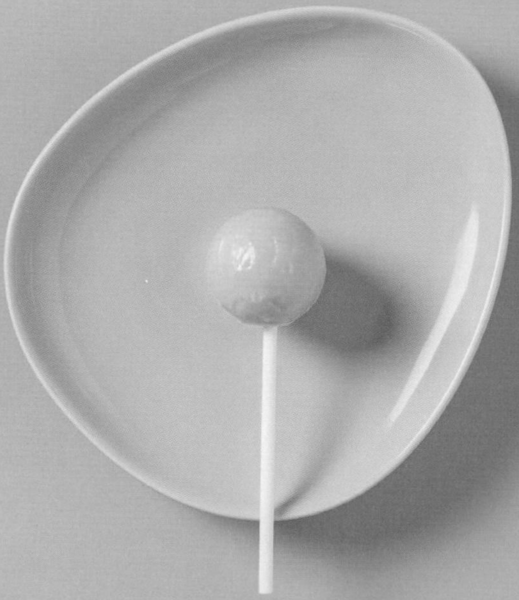

忘掉那些非如此不可的人生指南吧，

千萬別被條條框框牽著鼻子走。

所謂「非如此不可」，

根本就是一種束縛。

如果說這世上只有一種活法，

那就是誠實地活著，

誠實地面對內心，誠實地面對自己。

活在這珍貴的人間，

太陽熱烈，

水波溫柔，

總有一朵花開會讓你心動，

總有一首歌曲會給你撫慰。

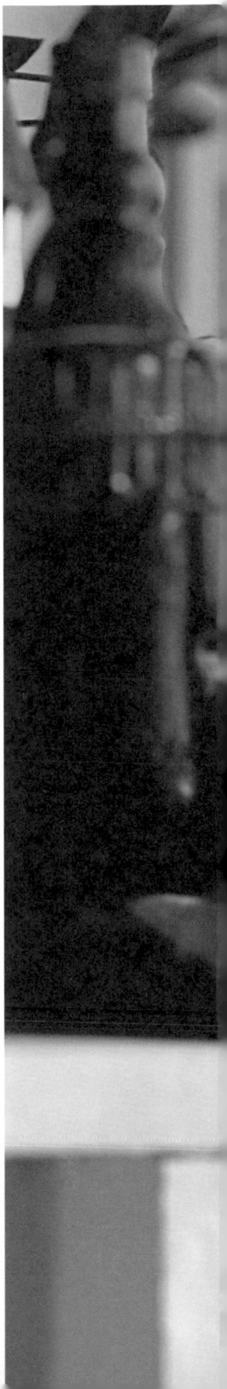

目錄

01 一輩子很長，要和有趣的人在一起

012 跟對的人在一起，連你的植物都會變得好起來
026 假使命運給了一記重拳，也要消解成一個響屁
038 不是生活太無趣，而是你選擇了乏味
046 你的人生，你自己決定
054 和能夠和你一起玩的人在一起吧
064 找個有趣的人一起變老

02 努力發出光亮，讓自己成為有趣的人

080 只要你想開始，人生永遠沒有太晚
088 越是一無所有，越要自我增值
096 允許自己脆弱，才是真的正能量
102 你不是沒時間，只是不夠熱愛
110 保護你的夢想，然後慢慢實現它
118 真正的優雅，能抵禦世間所有不安
124 急匆匆的時代，難得慢悠悠

03 縱然人生是苦的，也別忘了往裡面加一點甜

136 金錢和愛情迷思，情侶間的金錢關係學
148 零交流的冷漠，比出軌更嚴重
156 多少人求而不得，最後盡釋然
164 世界那麼忙，沒空針對你
170 縱然人生苦短，別忘了往裡加一點甜
178 就算命運虧待你，也別辜負自己
188 高手都舉重若輕，低手都用力過猛
196 主動出擊，絕對好過消極等待

04 我們的世界雖小，卻都能豐盈自足

204 只要他平凡而快樂地長大
214 一輩子，專注做一件事就夠了
222 有些事現在不做，這輩子可能都不會做了
232 放下過去，才能再輕裝上路
242 愛上不夠愛你的人，怎麼跑都追不上
254 人生就是一個不斷認輸的過程

Chapter 01

一輩子很長，
要和有趣的人在一起

01

跟對的人在一起，連你的植物都會變得好起來

總之，過好每一個今天，順從自己的心就好。

前陣子受邀去多肉小姐家吃飯，在她家真正大開眼界，領略到單身美女的生活有多精彩。多肉小姐住的是只有一個起居室的房子，麻雀雖小，五臟俱全，書、衣服、雜物，琳琅滿目什麼都有。牆上懸著吉他，床頭擺著素描，架上放著女主人的照片，相當具有自己的風格。照片上多肉小姐那時還很瘦，模樣青春可人。透過客廳的玻璃窗，低頭可見萬家燈火，遙想多肉小姐於清風拂面明月當空之際，抱一把吉他坐在窗臺上，輕啟朱脣清歌一曲，真是要多瀟灑有多瀟灑。

晚餐，多肉小姐親手做了烤雞翅、黑椒牛肉、蔬菜沙拉和芝士蛋糕來招待我們。雞翅烤得入味焦香，而芝士蛋糕更是我吃過最美味的了，甜而不膩，輕盈細膩，勝過任何蛋糕店販售的。飯後大家互相調侃，話題左右不離男人和女人。多肉小姐聽得煩了，忍不住大吼一聲：「換話題！」我們感到羞慚不已。

多肉小姐常說：「男人本來就是用來錦上添花的，但我的生活既然已如此多彩，又何須那多餘的一朵花呢？」現在是社群時代，光看一個人的朋友圈[1]，就能判斷此人大致的生活狀態。而多肉小姐的朋友圈很豐富：登山群組、打球

1 朋友圈：一種社交途徑，發表的內容只有好友才能看見。

群組、吃飯群組、做蛋糕群組、旅遊群組，總之你能想像到的群組，幾乎都有。

我們喜愛的多肉小姐，真似有著多重身分：是某報記者、奧運會聖火傳遞手、受傷的籃球運動員、業餘登山愛好者、K歌之王、烘焙達人、背包客愛好者……，隨便一個頭銜拿出來，就足以讓人目眩。多肉小姐每天都有吃不完的飯局、看不完的美景、做不完的運動，以及吃不完的蛋糕……生活過得多采多姿。多肉小姐喜歡做菜，但通常都是做兩人份的飯菜一人吃，所以，結果大家應該不難想像，難怪會離纖細身材越來越遠……。

為什麼大家都叫她多肉小姐呢？答案其實很簡單，因為她是一個資深「肉友」。早在多肉植物還沒那麼風行的時候，她就養了一陽臺的「多肉」。據說多肉是最適合懶人養的植物，沒事澆澆水、曬曬太陽，就能長得生機盎然。她家的陽臺儼然就是一個多肉世界，各種「肉肉」生機勃勃。多肉小姐對這些肉肉們如數家珍：靜夜、羅密歐、桃美人、白牡丹、嬰兒手指、虹之玉……，每一株多肉都像是她的親密好友。

說實話，在我們這種外行人眼裡，不管是「普通多肉」還是「昂貴多肉」，其實看起來都差不多。多肉小姐自然不像我們這樣見識膚淺。她在微信朋友圈發了一組多肉九宮格，還配上一句旁白：「每一盆多肉都是獨一無二的，正如每個人都有獨一無二的靈魂。」獲得一群人按讚外加評價「好萌」，不知道是誇人還是誇肉肉們。

這樣看來，我們的多肉小姐應該也算是個文藝青年吧?!不過，她算是個非主流女文青，因為女文青們大多長得蒼白瘦弱，但她偏偏豐碩圓潤似個水嫩的水蜜桃；女文青們總是多愁善感，她偏偏活得高高興興的，從不傷春悲秋；女文青們即便老了也還要戀愛，而她卻從來不認為愛情是生活必需品。

多肉小姐和她養的植物一樣，肉嘟嘟，胖乎乎，自帶「萌萌的」氣質。「胖」對她來說，完全不是人生的障礙，而是她之所以成為她的重要特質。社會上有許多胖子對自己的身材難免感到些許自卑，可是自卑這玩意和多肉小姐是完全不沾邊的。

上次多肉小姐去泰國度假時穿上比基尼，還在朋友圈發完全沒有修過圖的泳裝照。當然，這些照片是僅限閨密可見的；她平時穿衣打扮的風格，也絕不走女胖子們通常喜愛的中性路線，而是把自己打扮得美美的，她最愛波西米亞風的浪漫長裙。其實，多肉小姐並不算特別漂亮，勝在氣質明亮開朗，在這個矯揉造作、大家都習慣討好別人的世界裡實屬異數。多肉小姐經常說，千萬不要對外表自卑，妳就是妳，妳的朗朗自信，會讓妳顯得比任何人都來得美麗。

而這種自信也展現在她和男人們的交往上。

多肉小姐在現實生活中其實是蠻獨立且勇敢的，曾一個人登過四川四姑娘[2]山。但她在男人面前總是恰如其分，既不扮演女漢子，也不裝軟妹子，讓男人感到親切的同時，又不至於忘記她的性別，把她當哥們。所以多肉小姐的異性緣還蠻好的，從大學開始，身邊就有不少優質的追求者。

而多肉小姐對愛情的態度一貫都是：有自然很好，但沒有也無所謂。抱著這種態度，她無可無不可地談了幾場戀愛，陰差陽錯的，都因為各種原因分手了，所以我認識她的時候，將要三十歲的她正好單身。這個年齡放在「北上廣」[3]算

2
四川四姑娘山：是指四座 5000 公尺以上的連綿高山，分別是海拔 6250 公尺、5664 公尺、5454 公尺、5355 公尺的四座的山峰。

是正值盛年，但在小城市可就有點岌岌可危了。

親友們忙著替她安排各種相親，多肉小姐礙於情面去了幾次，後來就再也不去了。她說不喜歡那種被人家挑挑揀揀的感受，再說，一個人生活就蠻好的，幹嘛非得找個人將就？

多肉小姐是個相當活躍的人，也是公益愛好者。三十歲這年，為了幫助罹患地中海貧血症的小朋友們，她和朋友們策劃了本地第一次「光豬跑」的活動來募款。所謂光豬跑就是類似沙灘運動，男的全身只穿一條泳褲，女的則穿泳裝。

活動當天正好是多肉小姐三十歲生日，她特意斥巨資給自己買了一套義大利名牌 Parah 的桃紅色經典款比基尼，襯得她膚白勝雪，吹彈可破。

光豬跑在本地是新興事物，參加的女士寥寥無幾，而且大多還穿著一件式的保守泳裝。所以，一身桃紅色比基尼的多肉小姐站在起跑線上，要多出挑有多出挑。

3
北上廣：2000 年代網路上出現的名詞，指中國一線大城市北京、上海、廣州。

光豬跑全程一共五公里。前面幾公里，多肉小姐沿路都沉醉在路人驚豔的眼光中。但到了最後一公里，她卻悲劇地跌了一跤，好死不死的，比基尼的帶子居然斷裂了。正當多肉小姐狼狽捂著胸不知所措時，路邊一個圍觀者出手了，他果斷地脫掉自己的T恤，二話沒說套在她身上。多肉小姐猛抬頭，赫然發現眼前原來是一枚猛男型「小鮮肉」，倒三角形身材十分健美，腹肌旁還有人魚線呢。

「壯士，謝謝搭救！不如一起跑？」路遇猛男，多肉小姐兩眼放光，力邀恩人一起加入光豬跑。結果就是，猛男壯士一路充當護花使者，把多肉小姐護送到終點。冠軍什麼的自然和他們無緣了，但多肉小姐已經顧不上這些了，她和恩人相談正歡呢。話說，桃紅確實是個招桃花的顏色啊。

活動結束後，多肉小姐盛情邀請小鮮肉去參加她的生日Party，地點就設在她家裡。小鮮肉露了一手給咖啡打奶泡的絕活，贏得了一陣驚呼，多肉小姐的一個姐妹淘說：「老闆娘，咖啡館的小夥計終於有了！」原來多肉小姐一直有個夢想，就是開個「多肉咖啡館」。多肉早就有了，就是缺個會做咖啡的搭檔，現在小夥計有了，看來咖啡館的夢想就要成真了。

多肉小姐笑而不語，看向有點兒靦腆的「小夥計」。正好他也向她這邊看過來，兩個人的目光一對上，啪啦啪啦的都是火花。多肉小姐就這樣和小鮮肉好上了。

空窗期親友們為她的事操碎了心，但她本人氣定神閒地表示，該來的總會來的。但現在桃花來了，愛操心的親友們還是不放心，因為覺得這一對的差距看起來有點懸殊。

首先是年齡。多肉小姐三十歲了，小鮮肉才剛畢業三年，足足比她小五歲。男人比女人大五歲，大家會說剛剛好，但女人比男人大五歲，大家就會擔心了起來。多肉小姐的媽就這樣告誡她：「等到妳三十五歲了，他才三十歲，走出去不擔心人家說妳老嗎？」

其他和年齡直接掛鉤的，還有經濟條件和社會地位。多肉小姐在報社上班，工作體面，待遇豐厚，擁有房子一套、車子一輛。好歹算是中產階級吧。但小鮮肉沒房沒車，工作也一般，聽說在和朋友們籌畫什麼廣告公司，折騰了一、兩年也沒什麼動靜，說白了就是胡亂混著。

親友們替多肉小姐擔心著，她可一點都不放在心上，淡定地說：「我這把年紀已經很難對什麼人心動了，碰上個對眼的就先交往著。其他的，管他呢。」我們想想也是，各方面差距這麼大，看來也沒個結果，那就交往吧，權當體驗人生。

但是拋卻這些世俗的眼光和考量，其實姐妹們都還挺羨慕多肉小姐的，她的人生本來就過得舒適自在，自從有了小鮮肉，就更加幸福了。他們兩個人堪稱一對超級玩家。

多肉小姐本來就愛玩，認識小鮮肉後，他帶著她體驗了各種各樣的新式玩法，高空彈跳、攀岩、午夜飆車，怎麼刺激怎麼玩。兩個人的價值觀也蠻接近的，都認為人生得意須盡歡、今朝有酒今朝醉，心情不好時揹個背包，兩個人說走就走。朋友圈裡常看到他們發各種美景美食圖，惹得朋友們真是羨慕又嫉妒。

除了玩樂，他們對公益活動也不落人後，整天在朋友圈裡發各種群眾募資和公益活動的消息，休息日一有空，就手拉著手去福利院當義工，那些老人都當他們是乾兒子、乾女兒。

在曬恩愛這條路上，他們也稱得上志同道合了。關注他們的朋友們，整天都被他們各種親膩照片洗版。都說秀恩愛分得快，但這對秀恩愛達人不僅沒有分手，反而開始籌劃著要結婚了。

這消息一出，自然轟動了整個朋友圈。姐妹們在多肉小姐老媽的威脅利誘下，輪番去勸說她再認真考慮一下。多肉小姐抿了一口紅酒，什麼也不辯駁，氣定神閒地反問我們：「說實話，要是什麼都不想，讓你們來選的話，你們是願意抱著大腹便便的中年大叔睡，還是願意和有人魚線的小鮮肉同床共枕呢？」姊妹們都沉默不語了，因為這話說得實在太貼切了啊！唐代武則天登基之後，「包養」的不也是出水芙蓉般的六郎嗎?!

其中一個姐妹勉強辯解說：「誰不愛小鮮肉啊，可問題是，生活不只有啪啪啪，還有其他很多現實問題。」「我知道啊，所以我把這些問題都解決了呀。」多肉小姐信心滿滿：「我奮鬥了這麼多年，該有的也都有了。如果要嫁人，沒有別的要求，唯一要求就是，他能讓我開心。」

果然是御姐氣派，大家都被震懾住了。見姐妹們都悶不吭聲，多肉小姐反過來開解我們：「我知道大家是為我好，可是以後的事誰也說不準。找個中年大叔，也不能保證他就絕不劈腿、不出軌。總之，只要過好每一個今天，順從自己的心就好。」

跟著感覺走的多肉小姐在那一年把自己嫁了，她三十一歲，新郎二十六歲。婚禮是在海邊舉行的，朋友們用沙子堆出了「Love」的字樣。出席的基本上都是年輕人，應新娘新郎的要求，男士們穿樣式一樣的泳褲，女士們則穿樣式一樣的比基尼。那天大家都玩嗨了，又是開香檳又是沙灘舞會，一直鬧騰到晚上。

婚禮中談起這段戀愛史時，多肉小姐說了一個細節，她說有次去國外出差，長達半個月，家裡一陽臺的肉肉們無人照顧，只好託付給當時正交往的小鮮肉。半個月後，她推開家門，差點喜極而泣！肉肉們長得好極了，不少還繁衍了下一代。「黑王子」們全都出錦[3]了，而且是非常稀少的粉紅色的錦。

「跟對的人在一起，連你的植物都會變得好起來。」多肉小姐和現場的女嘉賓們都哭了，曾經勸過她的姐妹們頓時明白了，生活當然不只有啪啪啪，可是

3
出錦：指植物的莖、葉發生顏色上的改變，產生異變。

除了啪啪啪之外，眼前的這一對新人無疑在其他方面也十分登對。

輪到新郎講述時，他只是抓起新娘的手，深情一吻，說：「妳是我永遠的女王！」一當下海灘上掌聲雷動。鬧到夜晚，新郎新娘乘一座遊艇，在來賓們的注視中，緩緩駛入大海深處。冷煙花在天空綻放出「Love」字樣，照亮了整個海面。這真是我見過的最美、最浪漫的婚禮了。

多肉小姐那天穿一件長尾婚紗，儘管有點貼身，卻無損她的美麗和自信。從那次以後，我總覺得如果一個女孩子抱怨自己太胖，買不到合適的衣服、找不到合適的男朋友，可能都是因為自信心不足所致，很少有真正胖到妨礙生活的人，多半是缺乏信心。

故事到這裡算是高潮了，說說尾聲吧。你是否以為：「女王」下嫁之後，就柴米油鹽醬醋茶，一下變成女僕了呢？當然不是。如果說婚前多肉小姐的生活是一匹錦緞，那麼鮮肉新郎的出現，則給這錦緞上加了花。他無條件地崇拜她，也無條件地支持她。他們婚後沒多久，真的開了一家多肉咖啡館。多肉小姐出錢，她的鮮肉老公出力。為此，她還辭去了光鮮亮麗的媒體工作。

當初如果多肉小姐是嫁給務實的中年大叔，或許這個夢想很快就夭折了，而多肉小姐才和鮮肉老公透露出一點兒想法，鮮肉老公就表態為什麼不做呢？人生苦短，想做什麼就應該要身體力行。所以在他們共同精心籌備下，本地第一間也是唯一一間多肉咖啡館開業了。門面選在大學城附近，鬧中取靜。老闆的絕活是打得一手好咖啡奶泡，老闆娘的絕活則是能烘焙出超級無敵美味的蛋糕。

如果你走進一間擺滿多肉植物的咖啡館，遇到一個身穿長裙、風情萬種的老闆娘，可別忘了上前跟她合影。除了烘焙蛋糕外，這位老闆娘最喜歡的就是曬出和顧客們的照片，贏得「好萌啊」的讚美。

嫁給了小鮮肉的多肉小姐，會一直被寵愛嗎？還是那句話，未來事誰知道。至少，他們目前都還在樂此不疲地曬恩愛，咖啡館的生意也變得越來越好了，重點是快樂一直在他們身邊，這樣不就足夠了嗎?!

每一盆多肉都是獨一無二的，

正如每個人都有獨一無二的靈魂。

假使命運給了一記重拳，也要消解成一個響屁

02

也許，最好的愛情就是在他面前可以毫無顧忌地光頭、毫無顧忌地說笑、毫無顧忌地放屁吧。

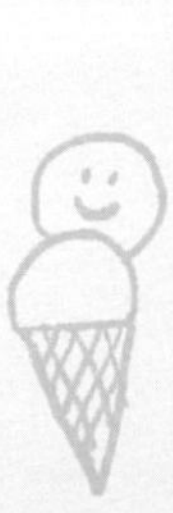

開始關注蔡要要，是在知乎[1]上。她在知乎上開了個專欄，專門記錄每天做給另一半「五十塊先生」的早餐，今天是肥腸麵，明天煮紅油水餃，看得人口水直流，號稱三百六十五天，天天不重複。從那以後，我幾乎每天都會打開知乎，並且習慣性地點開這個專欄，我真心想看看，這女孩到底能不能做到三百六十五頓早餐頓頓都不重複?!

一開始，蔡要要倒是蠻勤快的，真的每天變著花樣做，不僅做給男友，還做給家裡的胖貓。看著那隻貓越吃越肥，我有些悲憤地想，真是人不如貓啊！在「世界盃足球賽」期間的某一天，我突然發現這女孩居然沒有曬美食，而是曬出兩個空盤子。她說：今天沒有早餐了，他支持阿根廷，我支持德國，我們快打起來了，感情出現了無法彌補的裂痕，所以罷工一天！這下大家滿足了吧……（PS.其實是起晚了啦！）。看完，我越發覺得這女孩真可愛，女孩子，偶爾就該任性一下才像樣嘛。

後來，這個專欄忽然停止更新了！一群小粉絲追著問為什麼啊為什麼啊，蔡要要支吾半天，只好老實回答：「實在想不出新的早餐花樣了，請大家不要揍我。」我在電腦前笑得前俯後仰，從此堅定不移地成為蔡要要的腦殘粉[2]。

1
知乎：中國大陸一家創立於西元 2011 年 1 月 26 日的社會化問答網站。

2
腦殘粉：是指極度痴迷的粉絲。

蔡要要有一個神奇的本事，不管是多大的事，到了她這裡都能化成一縷輕煙，按照她的發文風格，應該把一縷輕煙替換成「一個屁」更恰當些。

她二十歲那年找了個街頭算命師傅算命。大仙掐指一算：「婚姻不順啊小姑娘，不是當後媽，就是養小白臉的命。」她越聽越心驚，還好大師微笑著加了一句：「不過沒關係啦，用五十塊就能破解。」要是換了其他認真的姑娘，可能呸大師一臉就揚長而去了。蔡要要卻仍然保持著笑容，輕鬆地說「好呀！」然後就給了大師五十塊。

這五十塊的故事之後還有下文，暫且按下不表。後來我才發現，「好呀」是蔡姑娘的口頭禪，她和美國電影《沒問題先生》中的主角一樣，對命運賜予她的一切都喜歡說「好呀」，但也正因如此，她才有幸福的人生。

蔡要要在知乎、豆瓣上的ID名稱是「蔡要要不吃藥」，聽上去有種藥不能停的感覺，我曾問過她為什麼要叫這個名字，她發過來一個豪爽的笑臉說：「就是希望身體健康呀！」天真的我就沒再繼續問下去了。

直到有一天，看她在豆瓣上發了說說[3]，說自己幸運爆棚，找到了喜歡的工作，男朋友又愛她，人生這麼幸運，所以她忍不住感嘆「所以說，我不得癌症

3
豆瓣：中國一社交網站，發說說就是指分享空間動態。

誰得⁉」我這才知道，原來如此有趣的女孩，居然曾是一名癌症患者。

問起她的病，她倒是一點都不避諱，說是陪閨密做檢查，順便也檢查自己。結果，閨密一點事都沒有，她卻驗出了卵巢癌。「我真是幸運啊，卵巢癌潛伏期很久的，幸好發現得早，驗出來時還是一期，要是發現得晚，問題就大了。」說這話時，她和平常一樣嘻嘻哈哈的。

在我有限的見識裡，蔡要要是頭一個，也是唯一一個用「幸運」來形容自己病情的癌症病人。**她總是這樣舉重若輕，即便命運給了她一記重拳，到了她那裡也能消解成一個響屁。**

醫生讓她好好治療，注意身體，千萬不能感冒了。才二十六歲的蔡要要笑咪咪地說：「好呀！」

問起治病的過程，她又是那句話：「我真是挺幸運的，發現得早，只做了一期化療就出院了。」

但別以為蔡要要現在這麼豪言壯語，其實化療那時候她也是會害怕的。化療帶給她一連串的副作用，掉頭髮、嘔吐，然後骨頭痛，感到全身上下都很不舒服。膽怯的時候她也會哭，也會向媽媽撒嬌，最主要的還是擔心未來，擔心沒辦法再工作、擔心再也找不到男朋友了、擔心生不了孩子。

做完一期化療後，她剃了光頭，辭去工作，回到家裡休養。用她的話來說，那是人生中最低潮的時期，沒有收入、沒有健康、更沒有心思打扮自己，醜到人神共憤，每天穿著一套棉質睡衣，除了去醫院就是宅在家。

「人生已經觸底，很快就要反彈了。」很久以後回憶起那段經歷，蔡要要說，當時她就是靠著這樣的想法支撐著走過來。

宅在家的她無事可做，創作慾暴漲，就在那個時期開始到知乎和豆瓣上寫文，於是，響噹噹的ID「蔡要要不吃藥」就這樣誕生了。

西元二〇一四年初，她在知乎上寫了一篇小故事，篇名叫〈被懷疑的記憶〉，文中寫了一個「正常得不能再正常的女孩」和她匪夷所思的夢。發文幾天後，有個她的「男粉絲」在知乎上貼出了這個故事的番外篇，於是，這兩個人就聯繫上了。

這位男粉絲是個電腦IT男，故自稱是文藝絕緣體，但這樣的鬼話蔡要要才不信，要是和文藝絕緣，怎麼會混什麼知乎嘛，更何況，他寫的那個故事裡明明提到他還看村上春樹呢。

她在他面前什麼都沒隱瞞，包括她的病。

後來，他給她發私信，說：做我女朋友吧！

蔡要要也高興地回覆：好呀！

即使是熟悉她風格的粉絲們，聽到這可能也會表示無奈：你們才認識幾天，不是應該問問為什麼嗎？不是應該深入瞭解一下他人怎麼樣嗎？但蔡要要才不理這些，她的作風是，答應下來不就可以深入瞭解了嗎？

幾天後，他專程從北京飛去看她。

去見他之前，她也忐忑不安，主要是擔心自己化療後的樣子太醜，把他嚇跑了。為了形象，頂著一個光頭的她特意買了頂假髮戴上。

見面之後，兩人聊得蠻開心的，從他充滿愛意的眼神中，蔡要要覺得，出門前戴了這頂假髮真是個英明的決定。聊著聊著，一陣風吹來，她頓時感到頭頂上一涼，心裡正嘀咕時，卻見他盯著她笑了：「妳的假髮歪了。」「哎呀。」她還想著要不要去洗手間整理一下，他已經湊在她耳邊溫柔地說：「其實妳真的不用戴假髮，我看過妳光頭的照片，蠻好看的，不騙妳。」

說起來很囧是不是，但當時她一點都不覺得囧。她以前也有過一個交往多年的男朋友，相處得還不錯，就是不夠放鬆。也許，最好的愛情就是在他面前可以毫無顧忌地光頭、毫無顧忌地說笑、毫無顧忌地放屁！他帶給她的就是這種完全放鬆的感受。

這個故事裡面有另外一個小插曲，在蔡要要單身時期，有一個閨密和她約好，如果她找到新男友，新男友必須給她五十塊做討好費。結果從北京來的IT男真的給了這個閨密五十塊，於是，朋友們送了他一個外號——「五十塊」。

在這個外號降臨的時候，蔡要要和大家一起，嘻嘻笑著說這個名字好。剎那間，她忽然想起二十歲時路邊攤大仙的那句話！

用五十塊就能破解。

用五十塊就能破解。

用五十塊就能破解。

大仙實在是太準了。原來這就是緣分啊！兩個人就此訂下了終身，頭髮還沒有長出來的蔡要要決定跟著他一起去北京。

去北京？不擔心他騙你嗎？不擔心找不到工作嗎？不擔心你們好不了多久

嗎？面對我的質疑，蔡要要笑咪咪地回答：「當然擔心啦，不過，先去了再說。」

事實證明，當你對一切說「Yes」的時候，好運氣就會隨之來報到。

她跟他去了北京後，所有我們擔心的事一樁都沒有發生。她在北京休養了幾個月，然後順利找到了喜歡的工作。他們相處得特別好，沒有吵過架，偶爾生氣，但大約半小時內就沒事了，甚至是超過十二小時不見面就會開始互相思念。所以她開始試著做早餐給他，才有這個三百六十五餐，餐餐不重複的想法，但結果如你所知，不到一百餐就 Game Over 了。但那又怎樣呢？他們還是相處得非常愉快！

他們價值觀一致，愛好有重疊也有分歧。他們的感情建立在互相吹捧的基礎上，她每天都讚美他帥爆了五十次，他讚美她美爆了五十次。還一起養了兩隻胖貓，身為愛貓狂人的五十塊先生，最愛做的事就是摟著貓咪一頓狂親，親完後再捉住她，給她一個散發著貓毛味的熱吻。

他們是同頻率的人，如果有人在被子裡放了個屁的話，一定會想辦法把另外一個人悶進被子裡，一同聞聞屁的氣味。這樣惡作劇的遊戲，恐怕只有他們這樣的情侶才會樂此不疲吧?!

陷入熱戀中的蔡要要文思泉湧，寫出了一系列戀愛科普文章。流傳最廣的當屬那篇《談戀愛是不是浪費時間》，在這篇文章裡，蔡要要是這樣說的：

「就算你只能活六十年，那你的一生除去吃飯拉屎睡覺的可支配時間，就是 210240000 分鐘，但是相信我，你能保持這樣的戀愛狀態最多也不過一年時間，那也就是你會浪費的時間是 80300 分鐘，大概是你一生可支配的時間的 1/261。

人生苦短，在你的生命裡，只有這 1/60 的時間你可以拿來戀愛。剩下的 59/60 的時間你可以用來改變世界！那麼，即使浪費一點在美好的愛情上，也不會覺得可惜。」

五十塊先生的家人當初聽說蔡要要的病情時，也曾顧慮到也許會影響生孩子，反對過他們在一起，但後來發現他們越處越好，也就漸漸地不反對了。

這麼相處了大半年，有一天，他們和往常一樣窩在沙發上，一邊吃爆米花，一邊看著美劇《冰與火之歌》，五十塊先生忽然掉過頭來，平平淡淡地問：「不如，我們去登記吧？」蔡要要一把爆米花往嘴裡一送，平平淡淡地回答：「好呀！」

兩個人都不愛擺酒席，也不喜歡折騰什麼蜜月旅行之類的，就只是簡簡單單地見了雙方家長，簡簡單單地拿了個證明。

登記那天本來計畫要隆重一點，打算去做個美髮，化個妝，再穿個禮服什麼的。結果早上起晚了，兩個人什麼也沒弄，就手牽著手出門。拿了證明出來後才突然發現，她沒有洗臉，他沒有洗頭。

至於那張被她形容成「醜到人神共憤」的結婚照，已經被曬到朋友圈裡，以供各位將來要結婚的姐妹們引以為鑒了。

故事到這裡，還有另一個好消息，蔡要要做完化療出院時，醫生曾經告訴她，有可能會影響生孩子。但前陣子她興奮地昭告天下，宣布已經懷孕了，正在家安胎。

「我真是幸運啊！」她還沒開口，我就知道肯定說的是這句。

有人問愛情到底是什麼，「Yes小姐」蔡要要現身說法：「愛情也許真的就是緣分，但是緣分來的時候，你必須和我一樣，即使醜、即使窮、即使生病、即使百無聊賴，也要勇敢地說一句：好呀。」

人生苦短，那麼即使浪費一點在美好

的愛情上，也不會覺得可惜。

03

不是生活太無趣，而是你選擇了乏味

有時候，不是生活太無趣，而是你選擇了平淡的生活方式。

木木是和我一起長大的女性朋友，人如其名，生性木訥。朋友們提起她來，總會說：「木木啊，就是那個樸素的女孩啊。」也有人說：「木木這個女孩是個好女孩，但就是稍嫌『無趣』。」

打從讀書時，她就是那個最乖巧的小女孩，每次都坐在前三排，上課時正襟危坐，從不打小報告，不搞小團體，除了好好學習，還是好好學習，三好[1]學生的獎狀貼滿了一牆壁；開始工作之後，她就是那個公司內最盡責的員工，每天按時打卡上班，下班後乖乖回家陪父母，每天都過著兩點一線的生活[2]。

我們邀她出去玩，十次有九次會被拒絕。去溜冰？太危險了，一不小心就會摔跤；去登山？山路太陡，走不動；去唱歌？天生五音不全。久而久之，大家也就不想邀她了，還是讓她待在家裡，繼續陪媽媽看沒完沒了的肥皂劇算了。

這樣的生活到底好不好？其實談不上不好，只是有點無趣而已。可以預想，如果沒什麼意外，她的一生就會這樣平淡無奇地過下去。

所以，當我過年回老家見到闊別多年的木木時，忍不住大吃一驚。那天正好

1
三好：指品德好、學習好、身體好。

2
兩點一線：數學中是兩個點連成一直線，意指較單調的生活。

下雪，她穿著一件蔥綠色的短版薄羽絨外套，足蹬一雙厚底雪靴，伴著紛飛的雪花推門而入時，幾乎讓人感受到春天朝我迎面而來。

木木最大的變化是她的精神面貌。她的臉上煥發著神采飛揚，全身上下洋溢著一股生機勃勃的活力。聊天的時候，也不再像以前那樣只顧低著頭傾聽，而是嘰哩呱啦，自顧自地說個不停。

她說起前幾天去瀏陽大圍山滑雪，同去的幾個人還沒做好準備，只有她從滑雪場的山頂「嘩啦」一聲就滑了下來了，結果摔了個狗吃屎。

「你們看看，我膝蓋都磨破了，結果還被教練痛罵了一頓，說我膽子也太大了。」她撩起褲腳給我們看。果然，膝蓋上一片青紫，光是看都覺得疼，但她似乎不以為意，滿臉都是笑意，滿不在乎地描述著大圍山的雪景如何美麗，滑雪又是多麼刺激好玩。她說：「你們真該去體驗一下，才知道在雪中飛翔的感受。」

我驚異地看向她：「妳現在都敢去滑雪了啊？小時候，妳連去溜冰場都不敢呢！」她笑著說：「就是啊，我以前真是太無趣了，就像俄國小說家契訶夫作品中的那個人一樣，把自己裝在套子裡，什麼都不敢嘗試。」「《套中人》嗎？」

「是的，我以前就是個套中人[3]。」

原來是二十六歲那年，木木同學去聽了幾堂心理學的課程，接觸到「套中人」的理念。那一天，她幡然醒悟，決定打破她為自己設下的種種桎梏，不再做個套中人。她為自己制定了一系列目標，列出那些三十歲以前必須嘗試去做的事，然後有條不紊地執行：

1. 去滑一次雪。
2. 獨自出國旅行一次。
3. 每天至少健身一小時。
4. 去學游泳。
5. 每個月至少參加一次豆瓣同城活動[4]。
6. 在KTV霸占麥克風。
7. 學跳森巴舞。
8. 每週堅持讀完一本書。
9. 喝醉後和朋友玩真心話大冒險。

……

3
套中人：指墨守成規、故步自封的人。

4
豆瓣同城活動：在微信公眾平台上可搜尋到的在城市裡舉辦的各項活動。

剛開始要做這些事之前，她驚恐得不得了，生怕會出糗。但是當她開始試著去做之後，才發現沒有想像中的可怕。不僅不可怕，還特別有意思。這才發現，原來，活出自我的人，往往就能發現且享受當下這苦甜參雜的人生。

例如，她以往總覺得學游泳很難，但是當她放開心胸，嗆了幾次水後，只上了五節游泳課就成功學會蛙式，連教練都誇她有吃苦的天賦；至於唱歌，她還是五音不全，但已經敢在朋友面前大展歌喉。想想這有什麼可怕呢？就當自己是個諧星，五音不全還能讓大家高興。有一次喝醉酒更好玩，那是她生平第一次喝醉，玩遊戲時正好抽到大冒險，於是被朋友慫恿去親吻了一個陌生人，這對她來說真的是一個很難跨越的大挑戰。

「其實最難跨越的往往是第一步，只要邁開走出去，就會發現世界有多繽紛精彩。」木木會這樣說，是因為她本來就不是那種天生富有情趣的人，但她發現，原來情趣和幽默感一樣，其實是可以培養出來的。

精神生活不僅需要一顆多情識趣的心，也需要豐富多彩的外在活動來作為載體。每學會一項新的消遣方式，就意味著你的精神領域隨之又拓寬了一點點。這樣一、兩年下來，木木變成了十項全能小姐，會游泳、愛健身、懂烘焙、能登山。東南亞大致玩過一圈，也讀了一堆書，生活從以前的單調乏味變成了多姿多彩。

朋友們看著她在朋友圈裡曬自己做的舒芙蕾、曬著去世界各地旅遊的照片，無不羨慕。誰能想到，就是這個女孩，以前每天除了上班下班，就是宅在家裡，二十多歲的人，活得如同從宋朝穿越過來那樣清心寡慾。

但現在的木木，那份夢想清單還在不停更新著，她最近的目標是學會品鑑紅酒，希望能在明年葡萄成熟的季節，來一次紅酒之旅，去法國的葡萄酒莊品嘗地道的紅酒。

「為了這個目標，得努力賺錢嘍。」而面對大家搞這麼多名堂會不會影響工作的疑問，木木則雲淡風輕地回答，這只會讓她更有效率地工作，才能擠出時間多去享受生活，「就算有點影響也沒什麼，畢竟，工作是為了要有更好的生活嘛。」木木算是到達一定境界了，很多人還停留在把工作當成全部的初級階段，在事業上不遺餘力，卻從來不願意把心力花在經營生活，覺得那樣純屬浪費時間。節省下來的時間用來幹嘛？無非是日復一日枯燥地重複。

如果你想讓生活變得更有趣，是需要費心經營的。我認識一對夫妻，結婚多年，孩子都好幾歲了，兩人仍然會抽出一點時間過二人世界。那年英仙座流星雨來的時候，就開車去山頂看流星雨；荷花開的季節，就租艘小船一起去湖上划船。大家都說他們過的是神仙眷侶般的日子。平常大家總推說工作忙碌，無法這麼有情趣，但其實這點時間誰都擠得出來，只是很多人都會為偷懶找藉口：「哎呀，忙了一週這麼累，還是在家睡覺好了。」

我之前就認識了一個知乎上的知名人士樂樂，我覺得她簡直是有趣人生的範本，以至於她老公特地在網路上開了個炫耀網帖，描述「有一個有趣的老婆是一種怎樣的體驗」，細數樂樂發生的種種趣事，包括寫藏頭詩誇他最帥之類。

最近樂樂懷孕了，當過孕婦的人都知道，孕婦的生活要說有多無聊就有多無聊。但她偏偏具有神奇的本事，能夠化無聊為有趣。她不喜歡穿鬆鬆垮垮的孕婦裙，立誓要做個充滿性感的孕婦，於是就在淘寶上搜尋各種「孕婦深V」、「孕婦禮服」之類的裙子。前陣子天氣熱，她穿著比基尼，挺著五個月身孕的肚子，居然和老公去海邊衝浪！不過，當然不敢真的衝浪，就是在海邊玩玩水、做做樣子拍拍照，不過她那張被浪花「簇擁」的孕婦照，真的震撼到我了。

和這樣英勇的孕婦相比，你怎麼能再忍受自己的生活像一灘死水？與其坐而論道，不如起而行。該跑步跑步，該旅行旅行，好過坐在家裡，最後變成一顆圓滾滾的沙發馬鈴薯。

人生是單調乏味還是多姿多彩，完全掌控在我們自己手裡，行動起來吧，你可以讓你的生活更有趣。

有時候，不是生活太無趣，而是你選擇了平淡的生活方式。

04

你的人生，你自己決定

如果說這世上只有一種活法，那就是誠實地活著，誠實地面對內心，誠實地面對自己。

我的好朋友小路前陣子剛過了三十歲生日。古人說三十而立，所以她身邊親友動不動就掛在嘴邊：「小路啊，妳都三十歲的人了⋯⋯」言外之意就是，妳已經三十歲了，該懂事了，該勤勞勇敢了，該承擔起家庭和事業上的責任了。

三十歲，對所有人來說，都像是一道高高的坎，尤其對大齡單身女子而言更是如此。三十而立，但她常常自嘲說自己就是屬於沒有「立起來」的那一類人：沒有男朋友、沒有嫁人、沒有生小孩、沒有穩定工作，每天宅在家裡接些設計案子做。不管是工作還是個人生活，都遠遠偏離於老一輩所說的：過得體體面面的生活。

面對親友們的說三道四，小路也曾盡量按照社會價值觀對一個三十歲女人的期待來要求自己。她聽從姑姑阿姨的指令去相親，相親前還去美髮店做了頭髮；聽從父母的指令乖乖回老家找了一份朝九晚五的穩定工作，每天打著呵欠打卡上班；她修身養性、兢兢業業，陪著父母竭盡全力讓自己活得像大多數三十歲的女人那樣。

但她心裡面其實認為，相親應該是天底下最乏味的事了，每天的工作無聊到大部分時間都在喝茶、看報，生活看似平靜安穩，但她的內心實質上是超級焦躁且充滿憤怒的；她對於自己現有的生活感到無比煩悶難耐，每天只想著要逃去一個誰也不認識自己的地方。

就這樣苦撐了兩個月，她終於逃了，逃回以前居住的大城市，繼續過著漂流的生活。這樣的生活在大人們的眼裡自然是不安穩的，但是小路卻甘之如飴。若有人以孝順之名來指責她，她也只會一笑置之，再也不為所動。小路笑著說：「我知道也許我這輩子都過不了父母期待的那種安穩生活，但那又怎麼樣，畢竟這是我自己的人生，自己的感受才是最重要的。」

其實不僅僅是小路的例子，只要是稍微有點特立獨行的人，都會受到來自所謂主流派的壓力和排擠。社會上總有一些人以中流砥柱自居，試圖把每個人的生活都導入所謂的規範之中，大至價值取向，小至生活觀念。

在他們看來，世界上存在一種理所當然的「非如此不可」的生活。

工作，肯定最好是朝九晚五的，最好還是體制內的「金飯碗」，待遇好又清閒。至於現代人所謂的自由職業、斜槓青年，那是不穩定的工作；西方年輕人追求的 Gap Year[1]生活，對他們來說更是難以想像的，正是應該要努力奮鬥的年紀，怎麼能無所事事去遊蕩一年？

至於婚姻，人到了一定年紀一定要結婚的。成家立業嘛，先成家，才能更好地立業。那些奉行不婚主義的人，等著瞧吧，以後一定會很淒涼。

孩子嘛，自然是越多越好。人活著不就圖個子孫滿堂嗎？要是兒女嚷嚷著要搞什麼頂客族[2]，那簡直就是不孝。

至於愛情，自然是不可強求的。講真的，所謂的愛情和激情，似乎都不在這些人的考慮範疇之內，這些容易打破規則，甚至是危險的玩意，自然是該遠離的。

這類人的價值觀大多是一致的，不管是工作還是婚姻，都要遵循著所謂「安穩」的規則。否則的話，就是「非我族類，其心必異」，一定想盡辦法將這些「異類」同化。

我一度十分反感這些對他人指手畫腳的「人生導師」，但後來我發現，他們推崇的生活其實也並非毫無可取之處。我感到反感的並不是這種生活，而是他們那種盛氣凌人的強硬態度，以及這種態度背後極其單一的價值取向。

1
Gap Year：所謂的間隔年或空檔年、壯遊年，在西方國家相當流行，是指年輕人在高中或大學畢業時，稍微停下腳步，去海外旅行或遊學，探索這個世界。

2
頂客族：雙薪、無子女的家庭。

例如，拿金錢或權勢來作為衡量一個人價值的標準，甚至是唯一標準，那麼人生不就乏善可陳了?!再比如說，婚姻美滿、兒女成群的理想生活當然是幸福的，但若以此來推測所有單身的人都是不幸的，這不是更加荒謬嗎？

我曾經採訪過一個在媒體業內小有名氣的女記者，她曾在國內的頂尖媒體任職，後來還出了好幾本書，接著又投身音樂界，組了一支少數民族樂隊，然後到國內外各處去巡演。這樣的精采熱鬧人生，只怕會讓絕大多數的人都嘆為觀止吧！

我記得在一次採訪中，有幾個三十多歲的女人圍了過來，自稱是她的粉絲，嚷嚷著要她唱兩首歌，又要合影，又要簽名。粉絲們對她的私生活十分好奇，她也不隱瞞，坦蕩地全盤托出。

她當時說，自己已經從那家知名媒體辭職了，靠自由撰稿為生，在北京還沒有一套自己的房子，也還沒有嫁人，現階段正在為情所苦時，女粉絲們看向她的眼神逐漸從豔羨變成同情。

一個粉絲攬著她的肩膀說：「妳應該早點安定下來，找個老實可靠的男人嫁了。妳看我們都是這樣，不都蠻好的嗎？」

她不動聲色地躲開了這位粉絲的手，淡淡地說：「是蠻好的，不過我現在這樣也沒什麼不好。」

我認為她算是相當厚道了，並沒有當下就讓粉絲難堪。站在一旁的我，倒是有點替那位粉絲感到羞愧。狂妄卻狹隘的人總是坐井觀天，殊不知天外有天，無垠之外更有無垠。這位女記者的前半生，已經活出了很多人幾輩子的精彩。我並不覺得找個老實可靠的男人嫁了，會是她追求的終極幸福。這兩種生活並沒有優劣之分，我只是為她無端招致的批評而感到不平。

更可笑的是，這些人往往是打著「為你好」的旗幟，像上述提及的粉絲，她一定會認為自己是在心疼偶像，甚至有些人對於干預他人的生活理念感到樂此不疲。所以，微博和微信朋友圈、媒體文宣裡，到處充斥著「一生中非去不可的五十個地方」、「身為女人不得不學的十三個人生道理」等這類文章。

每當看到這種標題，我總是會下意識地排斥，如果這世界上所有人都按照文中的標準去做，去一樣的地方，做一樣的事，奉行一樣的價值觀，那豈不是千篇一律，所有人都過著公式化的無聊生活？

事實上，所謂「非如此不可」，這根本就是一種束縛。如果說這世上只有一種活法，那就是誠實地活著，誠實地面對內心，誠實地面對自己。

忘掉那些非如此不可的人生指南吧，千萬別被條條框框牽著鼻子走。我希望我去的地方，不是因為那裡被列為非去不可的五十個地方之一，而是因為我喜歡或想去那裡。我選擇旅行或宅在家裡，選擇去大城市流浪或留在小地方安居樂業，選擇結婚或單身……，都是出自我內心的選擇，而不是為了滿足他人的期待。

英國哲學家伯特蘭．羅素早就說過，參差多態才是幸福本源。正是千千萬萬堅持個性的「非主流」們，才構成世界的多姿多彩。所謂非如此不可的生活，其實只存在於某些人的臆想之中而已。

也許我這輩子都過不了

父母期待的那種安穩生活，

但那又怎麼樣，

畢竟這是我自己的人生。

05

和能夠和你一起玩的人在一起吧

我們所謂不離譜的人生，在他們看來該是多麼乏味啊。

幾個閨密在一起聊天，說起身邊情侶中最令人羨慕的愛情模式。

閨密A說起某教授和他夫人，這一類屬於情人知己，有點像錢鍾書和楊絳[1]的浪漫，兩個人既是學術路上的好夥伴，也是生活中的好搭檔。

閨密B則說起小琪和她老公，小琪大學一畢業就嫁了人，老公大她十歲，寵她寵得像公主，家裡家外家事一手抓，小琪一點都不用操心。用閨密B的話來說，小琪老公要是再有錢一點，簡直就是霸道總裁遇上灰姑娘的現實版。

閨密C說是淳淳和浩子，這一對完全可以用瓊瑤電視劇的歌詞來形容：你是風兒我是沙，纏纏綿綿到天涯。兩個人整天在各種社交網站的朋友圈裡曬恩愛，當著朋友的面也能卿卿我我，放閃放得讓人想戴墨鏡，結婚五周年後還親熱如初地跑到馬爾地夫N度蜜月了。

後來大家都催著問我心中的人選，我想了想說，要說羨慕，還挺羨慕大熊和小可這一對的。

閨密們卻紛紛深表不認同，甚至有人說：「阿？你說的是那對怪咖?!」

我笑了笑沒加以反駁，老實說，除了「怪咖」這兩個字，我還真找不出更適合的字來形容他們了。大熊和小可，可不就是一對怪咖情侶嘛?!

1 錢鍾書和楊絳：大陸知名的兩個文學作家，為夫妻，兩人的愛情浪漫而且恆久。

大熊是我同校校友，高我很多屆，每次校友聚會都搶著買單，看在錢的面子上，大家都叫他一聲大師兄。只是這聲大師兄並沒多敬重的成分，大熊雖然人蠻好的，但就是總有點不可靠。他人如其名，長得高大威猛，往前一站，敦厚威風的樣子活像一隻台灣黑熊，為此贏得了這個外號。可別被他的外表欺騙了，此人心思細膩，極有情調，愛旅遊、愛攝影、愛泡酒吧、愛各類極限運動，什麼都喜歡，什麼都會一點，是個典型的玩家。

剛畢業那時大熊考進了一個炙手可熱的政府部門，很快地被一個女孩死死盯住了。俗話說，女追男隔層紗，沒幾個回合，女孩兒就成功抱得大熊歸，兩人頗為恩愛甜蜜一陣子。

可惜好景不長，兩個人很快就吵得不可開交。主要是大熊結婚後還是一樣地貪玩，哥們兒叫他都是隨叫隨到，半夜三點還會扛著攝影器材去拍雙星伴月。結婚之前，女孩覺得這是浪漫，結婚之後只覺得他任性胡鬧。大熊也很納悶，其實他婚前婚後一個樣，怎麼老婆對他的態度就有這麼大的變化。

兩個人鬧來鬧去的，這幾年間還生了一個孩子。女孩心想，你都當人家的爸爸了，總該收心了吧。沒想到大熊絲毫沒變，有次她回娘家讓大熊照看一下孩子，結果他直接把孩子帶到攀岩現場去。

那次之後，女孩徹底死了心，提出離婚。離婚時大熊還很仗義，把房子、孩子都給了前妻，自己就分了一輛破破的中古車，倒沒見他有多消沉，仍然像以前一樣開著車到處晃蕩，每天咧著嘴開開心心。

實際上，第一次婚姻的失敗對大熊的打擊還蠻大的，從那以後，他對婚姻就失去信心，總覺得自己可能完全不適合婚姻。朋友們幫他介紹女朋友，他都不放在心上，吃兩頓飯就玩失蹤，生怕再被婚姻套牢。

小可就是在這個時候出現的。

小可在一家雜誌社當美編，剛畢業沒兩年。這女孩長得很秀氣，平時悶聲不響，其實骨子裡風花雪月，屬於典型的悶騷女，偶爾發表的議論很是特立獨行，比如她曾跟我們說過：要嫁就得嫁個能夠一起玩耍的人。

我們總笑她太天真爛漫，好玩能當飯吃嗎，等到結婚後就醒悟了。也有人提議說不如介紹給大熊吧，可是沒有人真當回事。

沒想到這兩個人有一天還真遇上了。

沒有人介紹，他們是在一次徒步活動中認識的。當時正好是澳門回歸十周年，有人發起了百里徒步的召集帖，結果吸引了上千名網友，小可也是其中一個。她平常雖然也愛運動，但從來沒有走過這麼遠的路，走到半路就吃不消了。

旁邊一個男的看她走路一瘸一拐的，熱心地把準備好的登山杖借給她，還傳授了許多徒步的經驗，比如說買個登山杖，在鞋子中放紙巾吸汗等等。徒步的過程本來很單調，幸好有此人陪伴，而且他簡直就是個開心果，又是說笑話又是出謎語，逗得小可笑個不停。最後十哩路，她實在是走不動了，是他用登山杖拉著她，一步一步走完的。

途中有人丟下一些塑膠袋、易開罐之類的，他一邊走一邊還不忘撿垃圾。小可後來回憶說，正是這個撿垃圾的舉動打動了她。

而這個人就是大熊。

那次徒步帶給小可的後遺症是腳背上多了幾個水泡，腿也痠痛了足足一週。但是我們都堅持認為，這些都不算什麼，真正的後遺症是她遇到了大熊。

徒步回來後，小可對大熊的印象好極了，還高興地發微博說：有緣的人總會相逢。

有人對她潑冷水，說你沒看到他左手小拇指上的戒指嗎，那叫尾戒。

小可自然知道尾戒代表著不想結婚，可是她說不要緊，她還年輕呢，只不過想找個有趣的人一起玩，結婚那件事實在太遙遠了。

抱著這樣的想法，兩個人幾乎可以說是一拍即合。

那段日子，大熊總是來找小可出去玩。我們以前都沒發現，小可看起來那麼清秀的一個女孩，原來也是個深藏不露的玩家。他們什麼瘋狂的事都幹過，凌晨起來去拍流星雨，半夜約人去賽車等，都也只是日常。

用大熊的話來說，天底下就沒有小可不敢玩的項目。他頭一次帶她去體驗高空彈跳時還捏了一把汗，因為小可跟他說過，她有懼高症。等到她站在懸崖邊，他一看，她果然臉都白了，就安慰她說實在不行就別跳了。

小可以為他是激將法，心一橫，繫上安全帶、閉著眼就跳了下去。風呼呼地從耳邊刮過，她大聲尖叫著，感到從未有過的刺激。

大熊還在擔心她是不是被嚇著了，小可已經笑著跟他說：「我們再來一次好不好？」

據大熊說，就是在那一瞬間，他對小可刮目相看，覺得這個女孩子和他以前接觸過的任何女人都不同。

我們都以為小可只是貪玩愛新鮮而已，不料兩個人玩著玩著，產生了強烈的革命情誼，居然真到了談婚論嫁的地步。

小可的幾個閨密都替小可抱不平，大熊不僅結過婚，還有小孩了，就好比一輛車，性能再好，如果是二手的也會打折。但小可正是青春無敵，連場正經的戀愛都沒談過，就這樣嫁給他豈不是太虧了？

但小可並不以為意，她有她的道理，她就喜歡開二手車，因為經過前面漫長的磨合，二手車開起來才順手。

還有一道關卡是大熊和前妻生的孩子，誰都知道，後媽不是那麼容易當的。大熊離婚之後，和前妻雖然還是保持良好的關係，孩子雖說跟著媽，其實是兩人共同撫養，前妻有時工作忙沒空，就會放在他這裡一陣子。

大熊和他的家人原本都擔心小可和孩子處不來，畢竟她那麼年輕，自己都還是個孩子。

想不到的是，小可和那個孩子的關係十分融洽。有次孩子爸媽都沒空，她自告奮勇在家照顧小孩，等大熊忙完回到家一看，小可和孩子一人一臺電腦，正在不亦樂乎地玩著連線遊戲。前妻來接人時，孩子都不願意走，鬧著還要跟姐姐一起玩遊戲。

朋友們請教小可當後媽的訣竅，她大笑著回答，我就沒把自己當他的後媽，就當多了個一起玩的小夥伴，多好啊。

打通了這道關卡，大熊和小可的關係就水到渠成，很快就登記結婚了。兩個人身上都沒什麼錢，婚禮沒有大肆鋪張，結婚那天，大熊領著一群朋友騎自行車去接新娘，每輛車上都繫著一個粉紅色的氣球，到了小可家，大夥兒解開繩子，上百個氣球冉冉飄起，像一朵粉紅色的雲，小可都感動到哭了。

蜜月旅行去的是紐西蘭，小可更是藝高人膽大，根本就不在乎懼高，還慫恿大熊一起玩高空跳傘，上萬公尺的高空上，大熊嚇得腿直打哆嗦，想著為了美人也只有狠心一跳。這一幕被小可拍了照片，上傳到朋友圈後，大家默默地上去按讚，心裡羨慕嫉妒的，總覺得這是否真的能長久？

大熊和小可並沒有重蹈上一段婚姻的覆轍。這兩個人婚前婚後一個樣，說他們是夫妻吧，倒不如說是玩伴更貼切。一有空就往外面跑，開著一輛破車幾乎把全國各地都逛遍了。

他們平日裡都不太愛做飯，平常在公司吃，週末就一家家小館子吃過去，大熊圖片拍得好，算是本地小有名氣的美食達人和微博紅人，很多老闆都給他們算免費，只求上傳圖片宣傳一下就好。

朋友們最喜歡去的就是他們家，好多人都把他們那套小房子當成 Home Party 的場所。朋友們去了，小可就磨煮咖啡給大家享用，她在這方面精益求精，有次為了打出一個完美的奶泡，足足調了二十多杯咖啡，把朋友個個喝得嘴裡發苦。大熊則忙著替大家拍照、放CD，有次停電沒有音樂，他把家裡的碗、杯子都放在一起，一個個摸索敲出「哆蕊咪發唻啦西」的聲音，最後，居然有模有樣地敲出了幾首完整的樂曲。後來這都成了他的拿手好戲，不停電也常常表演。

這對夫妻玩心大，經常請假，對於朝九晚五的工作也不太上心，後來兩個人乾脆直接辭職，大熊開了個攝影工作室，小可開了家咖啡館，開始靠手藝過日子。朋友們還是常來串門子，雖然不清楚他們的生意和收入到底如何，但這兩個人看上去到是每天都開開心心的，至少也沒有窮死。

小可後來也生了兩個孩子，通常生過孩子的人都知道，孩子的來臨就是意味著玩樂時代的結束，但對他們來說，這好像也不過是漫漫人生路又多了個玩伴而已。他們還是到處去旅遊、散步，只是會帶著孩子去，大部分時候帶著小的，大的孩子有空也會一起去，哥哥還不到七歲，但已經很會照顧妹妹了。

前陣子看見一家人自駕去峨眉山，山腰有很多胖大猴子。有隻猴子可能是看小寶寶長得玉雪可愛，伸出毛茸茸的猴爪來摸她，寶寶毫不畏懼，居然伸手去和胖猴子握手！

在這深具歷史性的瞬間，這對寶貝夫妻也不擔心孩子的安全，孩子的爸爸忙著拿相機拍，媽媽則趕緊發了張照片到微信上，只有小哥哥英勇無畏，警惕地擋在妹妹身前保護。

這張與猴同樂的照片傳到朋友圈後，當然引起了朋友們對小可的一頓撻伐，大家都說她這個媽當得太離譜了，可是，我們所謂不離譜的人生，在他們看來該是多麼乏味啊。

小可嫁給大熊已經四年了，剛結婚時好姐妹曾問她：終於嫁了一個可以一起玩的人，感覺怎麼樣？當時她的回答是：感覺好極了！四年過去了，從她的朋友圈曬出的美食美景來看，我想答案應該還沒有變。

小可和大熊常說：最好的伴侶不是他有多愛家，而是找到一個可以和你一起玩樂的人。

06

找個有趣的人一起變老

從那以後，她和他無論歡樂幸福，
還是風雨突變，都沒有鬆開過彼此的手。

理想的婚姻狀態是什麼樣的？

「一輩子太長，得找個有趣的人白頭偕老」。這話說起來容易，要真正實現卻很難。

首先，得是兩個有趣的人；其次，這兩個有趣的人恰好看對了眼；再者，他們得活得夠長久，才能達到白頭偕老的標準。在眾多伉儷中，能抵達這一境界的夫妻並不多。很多世人推崇的神仙眷屬，大多只能做到「有情」，但是**要「有趣」，我認為還需要具備一些幽默感和風趣。**

文字學家周有光和崑曲研究家張允和，就是這麼一對堪稱鳳毛麟角的夫妻。一九九八年十二月二十一日，國際教育基金會舉行百對恩愛夫妻會，年近百歲的周有光、張允和是最年長的一對。歲月沒有消磨掉他們對生活的激情和對彼此的愛意，他們越活越有味，越愛越深沉，一個是新潮老頭，一個是不老才女，真正做到了「有趣到老」。

張允和是誰？鼎鼎大名的「合肥四姐妹」之一，她在張家排行第二，被稱為「最後的閨秀」，張家人則暱稱她為「小二毛」。張家四姐妹中，就數她最活潑、最爽朗，從小就深得父親張武齡的鍾愛，每次出門都喜歡帶著她。「小二毛，來！」父親出謎語、製對聯，她總是第一個搶著回答，人送外號「快嘴李翠蓮」[1]。

小小年紀，主意不少，父母讓她當四妹充和的老師，她就耍起了「小老師」的威風，給四妹改了個名字叫「王覺悟」，意思是要妹妹做個懂民主、懂科學的新人。

張家姐妹從小就跟著父母聽崑曲，耳濡目染，慢慢都學著在家演戲。姐妹們愛演《三娘教子》、《探親相罵》、《小放牛》之類的戲，大姐元和、三妹兆和演主角，允和當起配角，為主角們插科打諢、開鑼喝道。她還專愛演丑角，鼻子上點一塊白豆腐，勾上幾筆黑線條，便是一個淘氣的小琴童、小書童，非常符合她活潑靈動的性子。

很多演配角的人會為自己抱不平，張允和則認為，紅花還要綠葉配，配角很重要。後來她在學校裡、曲社裡都愛演配角、湊熱鬧。在三妹兆和和沈從文的婚姻中，允和更可說是一個巧妙的「最佳配角」了。

沈從文苦苦追求張兆和而不得，索性追到她家裡來，兆和並不想見他。而後，兆和聽了允和勸告，沈從文才有機會進了張家的門。

1 《快嘴李翠蓮》：是挑戰封建禮教的代表性小說。

後來又是允和代沈從文向父母提親，開明的張家父母應了這門親事。允和非常開心，跑到電報局去給未來的三妹夫發電報，上面只有一個「允」字，既是應允的意思，又署了她的名字，一語雙關，可見她的機智。

沈從文對張允和非常感激，到晚年時還戲謔地稱她為「媒婆」。儘管張允和喜歡扮演配角，但對周有光來說，她是始終唯一的女主角。

周有光先學經濟，後攻語言，被稱為「中文拼音之父」，沈從文稱他為「周百科」。作為一個經歷了百年滄桑的「四朝元老」[2]，周有光給人最大的感受是處變不驚。

他一百一十歲時，別人問他長壽的祕訣，他回「不要生氣」，因為生氣是用別人的錯誤來懲罰自己。其實除了淡然處世外，活得生機盎然可能也是他的長壽祕訣：他年輕時愛好廣泛，喜歡遊歷；他頗有音樂天賦，跟著老師學小提琴。老師讓他每天練四個小時，他卻說學琴只是因為好玩，並不是為了成為演奏名家，於是照舊按自己習慣的時間練。

八十五歲那年，他離開辦公室，回到家裡的小書房，看報、寫文章。那間書房僅僅只有三坪大，他卻安之若素，還饒有興味地撰寫了一篇〈新陋室銘〉：

2 四朝元老：因出生於清光緒年間，後經歷北洋、民國和中華人民共和國時期而得名。

山不在高，只要有蔥郁的樹林。
水不在深，只要有洄游的魚群。
這是陋室，只要我唯物主義地快樂自尋。
房間陰暗，更顯得窗子明亮。
書桌不平，要怪我伏案太勤。
門檻破爛，偏多不速之客。
地板跳舞，歡迎老友來臨。

晚年，周有光回憶起他和張允和的戀愛，用「流水式」來形容這段關係。兩人自然而然走到一起，沒有經歷大風大浪。張允和與周有光的妹妹是同學，兩人由此相識。兩家都是望族，但周家已經沒落，一度連周有光念大學的學費都無法負擔。因此，張允和常笑稱自己戲曲看多了，不僅沒有嫌棄周家家道中落，反而認定了周有光這個「落難公子」，而想去搭救他一把。

周張兩家年輕人常常聚在一起玩。在九如巷的小型曲會上，張家姐妹唱戲，周有光會給她們拍曲[3]，沒想到，這一拍，竟是一輩子。

說起來，周有光和張允和的結合，還要歸功於幾塊大手帕呢。

3 拍曲：用手在桌上打節拍。

可能是因為性情相近，周有光和張允和做了多年好友，直到有一天，在上海教書的他給還在杭州讀書的她寫信挑明心跡，信中的內容很普通，沒有一句有關情愛的話。

張允和收到信後很緊張。暑假兩人再見面時，已經沒有以前相處時的自然，可能是愛情一開始都會有的兵荒馬亂吧。

那是一九二八年的某個星期天，他們一起從吳淞中國公學的大鐵門走出來，一直走到吳淞江邊的防浪石堤上，兩人沒有手挽手，而是保持著一段距離。在溫柔的防浪石堤上，他掏出一塊潔白的大手帕，細心地墊在石頭上讓她坐下來。可能是太緊張，她的手直出汗，他又取出一塊小手帕，塞在兩隻手之間。她心想：手帕真多！隔著一塊手帕，他緊緊地握住了她的手。

回想起這一刻，暮年的她動情地寫道：一切都化為烏有，只有兩顆心在顫動著。從那以後，她和他無論歡樂幸福，還是風雨突變，都沒有鬆開過彼此的手。

戀愛期間發生了兩段很有意思的小插曲。一個週末，周有光和張允和相約在靈隱寺見面。寺廟常常成為書生和小姐談戀愛的地方，《西廂記》的故事就發生在寺廟。

兩人肩並肩一起上山，始終不敢手牽手。一個老和尚一直尾隨在他們身後，他們走，他也走，他們停，他也停。這對情侶心想，這個和尚也太不識相了，於是索性坐在樹下休息。豈料老和尚也坐了下來，還問周有光：「這個外國人來了幾年了？」原來張允和的鼻子很高挺，輪廓分明，所以被老和尚誤認為是外國人，這才好奇地一路跟著。

周有光不動聲色，笑著回答：「來了三年了。」

老和尚說：「難怪中文講得這麼好。」

熱戀中的人總要安排各種約會。有一次，喜歡西洋樂的周有光特意邀請張允和去法租界聽門票不便宜的音樂會，一個人一把躺椅，躺著聽。

當天演奏的是貝多芬的交響樂，沒想到在雄渾激越的音樂聲中，張允和居然睡著了，張二小姐打小喜歡崑曲這類中國古典樂，對西洋樂曲實在是欣賞不來。別人難免投來詫異的眼光，周有光心裡也有點犯嘀咕，但還是淡定地聽完音樂會，其間任張允和在躺椅上酣睡。換成其他人，也許會埋怨愛侶不懂欣賞，周有光卻完全不以為忤，反而把這當成一件有趣事。可見情侶之間需要有一顆包容之心，關係方能長久。

相識十年、戀愛五年後，兩個人準備結婚，定下日期後，張允和的姑奶奶出面阻止，認為喜期定在月末，那是陰曆的盡頭，不吉利。可是當時再改已來不及了，只好如期舉行。張允和相信，舊的盡頭是新的開始。

婚禮簡單而新潮，四妹張充和唱崑曲〈佳期〉，一位白俄小姑娘彈奏鋼琴，可謂中西合璧。

張允和是張家四姐妹中第一個結婚的，起初張家人並不看好這段姻緣。照顧張允和的保姆拿著這對新人的八字去算命，算命先生稱，這對夫妻都活不過三十五歲。儘管如此，開明的張家不僅沒有阻攔，還給了兩千銀元的嫁妝。他們用這筆錢出國留學，並乘坐當時最豪華的遊輪「伊莉莎白皇后號」遊歷歐美、北非等地。

結婚前，周有光有些憂慮地寫信給張允和：「我很窮，怕不能給妳幸福。」張允和回了一封很長的信，表明了：「幸福是要自己去創造的。」

他們果然用自己的雙手創造了幸福，兩人共同生活了近七十年，創造了白首不相離的奇蹟。七十年的婚姻歲月，有流水式的相守相依，也不乏風風雨雨。抗戰時，他們經歷了喪女之痛，文革時又受到打擊，卻依然用樂觀和熱情，將每一天都過得生機盎然。

這對恩愛終生的夫妻有很多共同點，其中莫過於樂觀和活力。

晚年的周有光寫過一篇名叫〈張允和的樂觀人生〉的文章，在他眼裡，夫人既是人們所說的「最後的閨秀」，又是充滿朝氣的現代新女性。她學生時代的作文，把淒涼的落後時節寫成歡悅的豐收佳節；她參加大學生國語比賽，自定題目〈現在〉，勸說青年們抓住現在，不要迷戀過去；她在某報紙副刊提出「女人不是花」，反對把女職員說成「花瓶」。在乾孫女曾蕾的眼裡，她的性格恰如宋詞，既婉約，又豪放，有柔情似水的一面，也有堅貞不屈的一面。

文革期間，紅衛兵來抄他們的家。在張允和看來，這些紅衛兵不過是天真的孩子。她自己在戲臺上扮慣了小丑，在這非常時刻，就當是在演戲陪孩子們玩吧。她對此一點怨氣也沒有，說：「我的孫子在我面前耍猴，我生不生氣呢？當然不。」都說人生如戲，人啊，有時候確實需要一種遊戲的精神，這樣才能出乎其外，不至於陷入痛苦無法自拔。

下放到寧夏平羅的周有光染上了青光眼病，病情危急，張允和則帶著孫女在北京借貸過日，在好心人的幫助下，每月給周有光寄藥，共寄了四年四個月。

關於那段暗無天日的日子，周有光記住的淨是些趣事。且看他筆下的「大雁糞雨」：

「只聽到一位大雁領導同志一聲怪叫，大家集體大便，有如驟雨，傾盆而下，準確地落在集會的五七戰士的頭上。」

儘管有大草帽頂著，他身上仍沾了不少糞便，可是在他看來，大雁糞便準確地落到人群頭上，要一萬年才遇到一次，所以笑稱自己運氣太好了，遇到了幸福的「及時雨」。

周有光在荒蕪寧夏農場，和歷史學家林漢達先生一起看守高粱地，兩個老頭兒躺在高粱地裡，仰望長空，暢談語文的大眾化。

林漢達問他「未亡人」、「遺孀」、「寡婦」哪一種說法好，周有光開玩笑地回答：「大人物的寡婦叫遺孀，小人物的遺孀叫寡婦。」就是憑著這種「阿Q精神」，這對夫婦熬過了艱難的歲月。

回到北京的周有光，推出了一系列語言學的著作，工作到八十五歲才退休，仍然筆耕不輟。有記者問他：你一生百歲，有點什麼經驗可以留給後人？他回答說：如果說有，那就是堅持終身自我教育。

周有光的寶貝是一臺夏普打字機，早在一九八八年他就學會了打字。

這種幹勁感染了張允和，八十六歲那年，為了重新編印張家的家庭刊物

《水》，這位張二小姐決定學習打字。她的老師自然就是周有光。

張允和是合肥人，普通話不標準，「半精（京）半肥（合肥）」，老是拼錯字，這時候只需要一句「幫幫忙」，周有光就會應聲過來校正。可以說，張允和打出的每一個字，都浸透了丈夫的愛和耐心，所以她最先會打的就是「親愛的」三個字。正是用這臺打字機，張允和創作了《最後的閨秀》等作品，八十八歲時出版了處女作。

如果說打字方面是「婦敲夫審」，那麼唱起崑曲來，則是「婦唱夫隨」了。張允和晚年與知名詩人俞平伯等人一起成立了崑曲研習社，周有光常常陪她參加曲社活動。張允和七十歲生日時，周有光送了她一套《湯顯祖全集》，老太太甜滋滋的說：「他真是懂我的心思。」

夫妻倆當然也有不同的地方，張允和是「詩化的人」，富於傳統文化韻味；周有光則是「科學的人」，條理明晰，滔滔善辯。性格不同，而相互補充。他們的婚姻生活是雅致和雅趣的結合，夫妻倆經常不定期地請一些「親愛的」來參加「一壺酒、一碟菜」的「蝴蝶會」，並在酒席上行「新水令」。

「快樂極了」、「得意得不得了」成了晚年張允和的口頭禪。他們每天在上午十點和下午三、四點喝茶，有的時候也喝咖啡，吃一點小點心。喝茶的時候，他們兩個「舉杯齊眉」，既是為了好玩，更是雙方互相敬重的一種表達方式。後輩們都笑他們「兩老無猜」。

常有老年人說：「我老了，活一天少一天了。」周有光夫婦的想法卻與之截然不同，周老先生曾說：「老不老我不管，我是活一天多一天。」他的理論是，人過八十，年齡應重新算起，於是九十二歲時自稱「十二歲爺爺」。九十多歲時，他頭頂的頭髮都掉光了，卻笑著說是還沒有長出來，依然像年輕時一樣，隨身帶著幾塊潔白的大手帕，時不時拿出來擦擦臉。

張允和長得很美，年輕時的照片曾登上雜誌封面，出版人范用說她的臉符合黃金比例。她一生都穿中式衣裳，晚年時用黑絲線混著銀髮絲編成辮子盤在頭頂，是個時髦而優雅的老太太。

見過二老攝於一九九二年的一張照片，他們站在花叢中，相依相偎，共讀一本書。此情此景，不禁讓人想起寶玉、黛玉共讀《西廂記》的畫面。

俞平伯夫人許瑩環生日時，張允和寫了一首詩祝賀，詩中說「人得多情人不老，多情到老情更好。」多情人不老，說得多好啊，只有對生活飽含熱情的人，才能永保活力，將每個平凡的日子都過得有滋有味。這樣的人即使老了，心也永遠年輕。

張允和去世後，周有光滿心空蕩蕩的，不願再回臥室睡覺，每日在書房裡的沙發床上入睡，沙發床對面的五斗櫥上，擺了一排放大後的張允和的照片。照片中，她對著他微笑，美麗如初。

只有對生活飽含熱情的人，

才能永保活力，

將每個平凡的日子都過得有滋有味。

Chapter
02

努力發出光亮，
讓自己成為有趣的人

01

只要你想開始，人生永遠沒有太晚

一件事無論太晚或太早，都不會阻攔你成為你想成為的那個人。

羅曼・羅蘭說：大多數人在二十歲或三十歲時就死了。意思是說，一過了這個年齡，他們就變成了自己的影子，往後的生命裡，不過是不斷地模仿著自己，一天天地重複，而且越來越機械化。的確，絕大多數人都會走上這條重複自己的老路。慶幸的是，總有極少數人願意掙脫已有的束縛，去嘗試不一樣的生活。

我的前同事萌小兔，就屬於後面這類人。萌小兔人如其名，就像一隻萌萌的小兔子，有兩顆大大的兔牙，外表看起來特別傻白甜[1]，但其實內心很有主見。

萌小兔是獨生女，父母都是普通的工薪階層，也曾傾其所有，用家裡積蓄送女兒去澳洲留學。學成歸來，在父母的召喚下，萌小兔乖乖地回到了家鄉，托親戚找了份報社美編的工作。家裡人不求她掙多少，純粹把這當成了一份還算光鮮體面的嫁妝，希望能為她加分，嫁個好男人。

一開始，萌小兔待在家鄉還挺愜意的，時間越久就覺得越憋悶。故鄉不是不好，就是節奏太慢了，生活太乏味。偶爾做個新奇點的版面，主管卻接受不了。想去看齣好一點的話劇，也得專門跑到大城市去。和她差不多大的女孩，都按部就班地相親、結婚、生子，每天討論得最多的就是老公和小孩。作為一個不

1 傻白甜：常用來比喻一個女生有點傻氣、沒有心機、白膚白且可愛、長相甜美，通常是指少女。

那麼接地氣的文藝女青年，她和周邊的一切顯得格格不入。

大家都說，在小城市生活真舒服，這是個適合養老的城市。但萌小兔覺得她還沒到頤養天年的年齡，卻完全可以預想到自己十年後、二十年以後，乃至一輩子的生活，無非只是比現在胖一點、老一點，日子卻仍然一成不變。

「這不是我想要的生活！」這個聲音在萌小兔心裡響了起來，越來越大聲，於是，她下定決心要離開這裡，去過想要的生活。二十九歲那年，她終於辭職去了北京，和朋友一起創辦了一個插畫工作室。

為了這一天，她足足準備了兩年。一方面，積極尋找各種商業插畫的機會，形成獨樹一幟的暖萌畫風，在業內積累了小小的名氣，這些都為她北上奠定了基礎；另一方面，她從來沒有放棄加以說服父母，一直努力證明給他們看，自己有在大城市生存的能力，同時不忘偶爾撒撒嬌：「你們把我生得這麼漂亮能幹，不是為了讓我一輩子待在一個地方混吃等死吧。」最後，終於爭取到家人的支持。

到了北京的萌小兔，就像魚兒到了渴望的海洋，一頭栽進全新的生活中。每天都做著自己喜歡的事，和喜歡的朋友們待在一起，把日子過得熱氣騰騰。雖然這種日子當然也不是盡善盡美且光鮮亮麗的，要比以前在鄉下的生活來得更辛苦、也比以前壓力大，但是用萌小兔的話來說，她樂意就行了，千金難買姐樂意！

當然，我的意思並不是說大城市的生活一定比小地方好，如果你在大城市生活得壓抑焦慮，或是你感到自己真的不適合忙碌或高壓的生活，那麼若能夠放下一切去鄉間或是其他城市，又何嘗不是一種勇敢。**從來都沒有所謂完美的生活，只有適合你的生活。**這是萌小兔最崇拜的人賈伯斯說的話，賈伯斯提出的「追隨你的內心」，被她奉為人生座右銘。

賈伯斯早年曾四處流浪，屢經挫折，最後領悟出：「不要被教條所限，不要活在別人的觀念裡。最重要的是，勇敢地去追隨自己的心靈和直覺，只有心靈和直覺才知道你自己的真實想法。」「其實追隨你的內心只是目標，除了目標之外，你還得有能力。」很多人都只知道學賈伯斯追隨內心，卻忘了學他那樣錘鍊自己變得強大，最終，收穫的就只是空想而不是夢想。

我認為這個現實社會上一定有很多人和當初困守在小城市的萌小兔一樣，儘管對於目前生活的現狀十分不滿，卻只是每天抱怨，而未曾為此做過任何努力。你問他們為什麼不改變，他們會找到各種各樣的理由來為自己開脫，比如：

我年紀太大了，已經不適合再做出任何改變。

我沒有什麼出色的特長，還是老老實實做手頭這份工作吧。

去哪裡生活都是一樣的，做什麼工作也都一樣的，還是不要做無謂的掙扎吧。

雖然這個婚姻不美滿，但離婚實在太麻煩了，還是忍著點吧……

事實上，很多時候這只給自己找一個藉口，並不是真的無力改變，而是懶得改變、害怕改變。「改變」也意味著未知，意味著前方也許會有驚濤駭浪。改變需要的成本太大，所以多數人寧願故步自封，也不願意從井裡出來，看看外面遼闊的世界。日復一日，他們就變成羅曼．羅蘭所說的「在三十歲以前已經死去」的那類人。

這類人最愛掛在嘴邊的話就是「做不到」，但是做不到的原因，到底是因為太窮？或是到底是有多老？在說「做不到」之前，是否曾經試過放手一搏，哪怕僅僅只有一次？

如果你真的有心改變，年齡不是問題，境遇也不是問題。在美國有個摩西奶奶，做了大半輩子的農活，七十六歲那年開始學習繪畫，八十歲在紐約舉辦個展，引起了轟動。一百歲時還寫信給正在猶豫要不要辭去穩定工作、全心寫作的日本年輕人：「做喜歡做的事，哪怕你現在已經八十歲了。」，也因為受此啟發，那個年輕人毅然投入寫作，他就是寫出經典著作《失樂園》的渡邊淳一。

摩西奶奶的故事告訴我們，心裡想做什麼，就大膽去做吧，不管年齡多大，生活狀況如何。上面故事裡的摩西奶奶也好，萌小兔也好，她們的人生都能將短短的一輩子，活出好幾輩子的精彩。

在電影《班傑明的奇幻旅程》中，男主角班傑明在印度看著於恆河中沐浴的人，寫了一封信給女兒：

「一件事無論太晚或太早，都不會阻攔你成為你想成為的那個人。這個過程沒有時間的期限，只要你想，隨時都可以開始。要改變或者保留原狀都無所謂，做事本不應該有所束縛。但我希望你最終能成為你想成為的那個人。我希望你能駐足於這個令你感到驚嘆的世界，體會你從未有過的感受，我希望你能見到其他與你觀點不同的人們，我希望你能有一個值得自豪的一生。如果生活和你想像的不一樣，我希望你能有勇氣重新啟程。」

我想把這封信分享給所有對生活感到失望的人。重新啟程，別害怕改變。只要你想，人生永遠沒有太晚的開始。或許每個對生活現狀不滿的人，心裡都藏著一座活火山，但只有真正的勇者，才敢於讓內心的岩漿噴湧而出。火山爆發後，或許會將固有的生活焚燒成一片灰燼，有些人為此恐懼，但勇者卻能在灰燼中浴火重生。

從來都沒有所謂完美的生活，

只有適合你的生活。

02

越是一無所有，越要自我增值

二十多歲時不要害怕嘗試，當熬過最難的那幾年後，你會有意想不到的收穫。

和一個好友陳果聊著天，雖然我們現在的生活都過得還算不錯，但要說人生中最難熬的時光，我們都不約而同認為是剛步入社會的那幾年，一窮二白，特別窮困潦倒。

我記得我剛畢業那時，拎著一隻箱子隻身南下，心中滿是彷徨。工作上，進入了一個全然沒有接觸過的行業，戰戰兢兢、如履薄冰。領著微薄的見習工資，時刻都擔心不能轉正職；生活上，和同鄉的人合租一套兩間臥室的房子，是那種二十世紀八〇年代的員工宿舍，非常簡陋。曾有一個朋友來看我時忍不住感嘆：真難想像，你是在這種環境下寫出文章的。

而陳果還比我當初的情況還要差一些，二十出頭的他正好碰上家庭變故，父親去世，身為長女的她一心想撐起這個風雨飄搖的家。所以那幾年裡她沒少折騰，開過餐館也賣過服裝，由於沒有經驗，結果都虧損了。無奈之下只好北漂到北京來打拼，住在不見天日的地下室，過著挨餓的日子。最窮的時候只能白開水配白麵包，還有一頓沒一頓的，以至於後來日子變好了，一有應酬就只顧拼命地吃。

或許也有許多同我們一樣沒有背景、沒有富爸爸的女孩在涉世之初，都曾碰到這樣的窘境吧。但我認為最窘的不光是物質上的匱乏，而是找不到人生方向，看不到前程的迷茫感，以至於畏首畏尾、瑟縮自卑。現在回頭來看，那時候真的不僅是沒錢，連內心都是虛弱的，精神上也是貧窮的。

初入社會時最想知道的，就是如何才能盡快熬過這段一無所有的日子，如何讓自己在物質和精神上都能變得豐裕。所以，當陳果在豆瓣上講述她的漂亮朋友劉文靜的故事時，我看得非常著迷。我想知道，我走過的那些彎路，她是否也走過；我有過的那些掙扎，她是否也有過。

劉文靜可以說是典型的貧家女孩，出生在落後山區的貧困家庭，排行家中的老二，初中畢業後就沒再上學了，跟隨表哥到上海去當洗碗女工。這樣一個女孩，居然神奇地完成了「三級跳」，先是考上了重點大學[1]，然後又做起了金領[2]，接著跟人去非洲淘金，如今在上海有了自己的房子，實現了個人財務自由的目標。

當然，劉文靜的美貌也不可分說的替她加分不少，但她能夠這般快速成功，

1
重點大學：受國家重點支持建設的大學。

2
金領：由白領衍伸出來，指收入較高的高科技技術人員，俗稱大亨。

靠的絕對不僅僅是美貌。如何才能一步步從窮姑娘蛻變成白富美[3]呢？我覺得眾女孩們至少能從劉文靜身上學到三大法寶：

第一，為了獲得想要的成功，你必須有吃苦的勇氣

換句話說，你必須要能吃苦。劉文靜在洗著堆積如山的碗盤時，從沒有叫過一聲累；在深夜苦讀、做練習題時，也沒有喊過一句苦。女孩們剛剛步入社會，難免要在烈日下跑腿、挨主管的罵，感到有點辛苦吧？但再苦也要嚥下去，誰叫你還不夠強大呢？

能吃苦只是先決條件，甚至不是最重要的條件。如果光是能吃苦，劉文靜大概只能當一輩子的洗碗女工了。碗洗得再快再好，也不過多賺個幾十元，無法改變命運。

第二，懂得讓自己增值，當你有價值，就會有意想不到的收穫。

我認為，想辦法增加自己的價值非常重要。所謂人窮志短，指的是貧窮很容易消磨掉一個人的志氣，讓你甘於原地踏步，一輩子都受它束縛。當你窮的時候，雖然總想著如何節流、如何存錢，但更要想著該如何開源、如何實現自我增值。

3 白富美：白富美是網絡流行語，形容一個女生皮膚白皙、漂亮，又多金，也形容比較出色的女性。

雖然看起來輕巧簡單，但實際上該怎麼做呢？增值的途徑無非是兩種。

一是學習，要不斷地學習和充實自己。劉文靜苦讀一年後考入上海某著名大學。這真的有點難度，不是每個人都能成功，但現在遠端教育這麼發達，就算無法親身去上課，也至少可以在家自主學習吧。如果你有預定想進入的行業，就該想辦法考取那方面的證照。

二是不要怕跳槽，但我指的並不是漫無目的地隨便換公司、換工作，而是從一個差的行業跳到好的行業，或者從一家劣質公司跳到業內的翹楚公司。要朝目標爬升，這當然也不容易，因為考驗的不僅僅是實力，還有眼光。二十多歲時不用害怕嘗試，當你熬過一開始最辛苦的幾年後，就會有意想不到的收穫。

而劉文靜的成功之處，我認為在於她始終保持著向上的衝勁，永不放棄，永不言敗，像充飽電力一樣往前衝，這樣的人格特質到哪裡都會是一個優秀的人。

第三，不要試圖透過依附男人來改變命運。

前一陣子有兩篇觀點針鋒相對的文章在網路上流行，一篇教導女孩們「別和窮人談戀愛」，另一篇則反駁說「你以為不和窮人談戀愛，就能遇到富人了嗎」。其實我覺得這兩篇文章殊途同歸，都闡述了一個事實：當妳自己成為一個優秀的人，自然能得到優秀男人的青睞。雙方勢均力敵才是愛情的真相。以劉文靜來說，她長得夠美了，但如果她永遠安於在小餐館洗碗的生活，認識的充其量也可能只是普通白領。甚至還會被對方家庭嫌棄，說她高攀。

但她因為自我增值而越來越出色，收入越來越高，生活圈也越來越高級，追求者也從歸國華僑、金領，升級到貨真價實的富二代。

我們都不是故事裡的灰姑娘，再美貌也不用妄想會有王子從天而降。女孩們要依靠的是想辦法提升自己，不依附，不仰視，這樣才能底氣十足地迎接真命天子出現。

所以女孩們不要再糾結到底是要事業做得好，還是要嫁得好的問題了。通常情況下，只有做得好時，才能嫁得好。換句話說就是，要想嫁入豪門，先把自己變成豪門。等你真成了豪門，也就沒那麼在乎嫁的是不是豪門了。

我曾經問過陳果，劉文靜是不是真有其人？她說故事難免會有誇張成分，但的確是有原型的。

其實，在讀故事的過程中，我可以從劉文靜身上看出作者陳果的影子，也能看到我自己的影子。劉文靜是誰？是你，是我，是千千萬萬曾經窮過卻奮力向上的女孩們之一，我們都是這樣一步步走過來的。

我上面說的三大法寶，不僅適用於劉文靜，也適用於所有正在苦苦打拼、除了勇氣和青春之外一無所有的年輕女孩。即使你沒有她那樣出眾的美貌，只要能像她一樣堅忍、獨立、聰明、永不言棄，我相信同樣可以收穫更好的生活和更優質的愛情。

始終保持著向上的衝勁，

永不放棄，永不言敗，

這樣的人格特質到哪裡都會是優秀的人。

03

允許自己脆弱，才是真的正能量

我們沒辦法像PS一張照片那樣去PS我們的人生。

從微博的朋友圈發文，發現身邊朋友一個個都是勵志高手，每天不是在轉發馬雲、賈伯斯的成功故事，就是在寫一些能量滿滿的個人金句。每個人看起來都積極向上、樂觀開朗，不是正過著成功幸福的生活，就是正走在通往成功幸福的路上。

不過，這裡面偶爾也有例外，比如小M，我新認識的一個朋友，就是個特別坦誠的女孩。她在朋友圈的發文內容都十分率性，像在上司那裡受了氣，甚至遇上梅雨壞天氣，都能直率地抒發她的生氣或是傷感。看小M的朋友圈時，那種感覺就像是喝多了雞湯，終於能喝到一杯原汁原味的酸梅湯了。她的發文裡有甘甜，也有苦澀，讓人覺得在這些零零碎碎的小情緒背後，真正是一個生活豐富且滋養的人。

我很喜歡看到小M在生活圈發文的喜怒哀樂，但有一天我赫然發現，已經有好些個日子沒看到她更新朋友圈狀態了，最近的一條還停留在兩個月前。我忍不住發了微信給她，半開玩笑地問她：「妹妹，是不是把我設定隱藏了啊？」

她連忙辯解：「沒有啊。」我追問：「那怎麼看不到妳新發的狀態了？」她發過來一個委屈的表情，說自己已經停止更新朋友圈了。我吃了一驚：「為什麼啊？」她說：「別提了，每次只要我稍微抱怨或是哀傷幾句，總會有一堆人跑過來跟我說，妳不能老是沉浸在負能量裡面阿，得陽光一點，樂觀一點，學著去擁抱正能量。但是如果是如此，我還能發些什麼呢，難道都得像他們一樣去煲雞湯嗎？」這樣的事發生了幾次，後來覺得沒意思，乾脆就不發朋友圈了。

我想鼓勵小M「勇敢地做自己」，但猶豫了很久卻沒敢說出口，因為就算是我自己，還有許許多多的人，都不敢於在朋友圈裡展示真實的自己。每次累了、病了或者心裡有點負面情緒，寫好了一條朋友圈，思來想去最後還是刪掉了，免得給別人留下不好的印象。試想，誰擔當得起「老是傳播負能量」的罪名？

也許你會說我想得太多了，事實上，朋友圈活躍著太多堅持只吸收正能量的人。你稍微發發牢騷，就會開始有人指責你太過負能量。你要是多抱怨幾次，搞不好就被封鎖了。身邊有相熟的人告訴我，她一看有人在朋友圈散播負能量，就直接設定隱藏這個人，這令我很吃驚。在我看來，**包容不了負能量的人生，也未免太脆弱、太不堪一擊了。**

更令我吃驚的是，就算是在更開放多元的微博上，也有一群人總喊著需要正能量。比如說，發生了一件社會公共事件，例如天津爆炸事故，只要有人流露出追究和指責的口吻，這時就會有成千上萬的網友撲過來咒罵博主，說其內心陰暗，並斥責在事故發生後不傳播正能量。

更有甚者，為了不看這些血淋淋的新聞，乾脆選擇逃離微博。如此一來，他便自欺欺人地不再接收任何和負能量有關的消息，以後就待在永遠寧靜美好的朋友圈裡好了。

我發覺現今的社會，有越來越多人像逃避瘟疫一樣逃避負能量，恨不得和所有負面情緒、負面新聞都隔絕開來。負能量對他們來說如同洪水猛獸一樣可怕，成了萬惡之首、萬病之源，他們唯恐沾上這樣的言行，總是費盡心思地營造出一種「我很好」、「一切都很好」的現象，但是，這些真的不是假象嗎？

大家的真實生活都不是精心修飾後的朋友圈。在朋友圈裡，你可以把自己的生活粉飾得光鮮明媚，把自己的內心偽裝得無比強大，但你在現實中遭遇的那些心酸、湧起的那些委屈，並不會隨之消失。我們沒辦法像ＰＳ[1]一張照片那樣去ＰＳ我們的人生。

人生就像一枚擁有兩面的硬幣，有高潮就會有低谷，有成功就會有失敗。想

1 PS：圖片處理軟體 photoshop 的縮寫，意指修圖。

要擁抱光明的那一面，就必須要學會直視黑暗的那一面。如果一味逃避，那些負面情緒只會累積得越來越多，直至壓垮你的人生。

給負能量一個表達的出口吧，允許自己發發牢騷，流流眼淚，允許自己偶爾脆弱，偶爾傷感。如果你不能做到真實地裸露內心，至少可以選擇包容他人的真實。

而抒發負能量並沒有那麼可怕。屈原的《離騷》很有名，其實《離騷》就是牢騷。遙想兩千多年前，滿頭白髮的屈原走在汨羅江畔，指天畫地大發牢騷。一個漁夫勸他說：你這樣不行啊，大家都喝醉了，你就不能跟著喝醉嗎？大家都在發揚正能量，你就不能跟著發揚一下嗎？

屈原負氣地拒絕漁夫的建議，最後還抱著石頭沉江了，夠負能量了吧？結果，他留下了不朽的辭賦。兩千多年後我們讀《離騷》，仍然會激情澎湃，受到美和不屈的感召，感謝屈原堅持散播他的「負能量」。

還有李白，簡直就是古往今來最擅長善於抒發負面情緒的第一人。

他一不高興，就袖子一揮，「人生在世不稱意，明朝散發弄扁舟」；他當御用文人，一受上司的氣就發誓賭咒說，「安能摧眉折腰事權貴，使我不得開心顏」；他在政治上受了點挫折就心生不平說，「行路難，行路難，多歧路，今安在」；他一失意，就覺得全世界他最慘，「抽刀斷水水更流，舉杯消愁愁更愁」；他一苦悶，就認為老天都虧待自己，「大道如青天，我獨不得出」……。

如果是在現代，朋友圈出現個李白這樣的吐槽高手，大概早就被封鎖了吧?!家長會怪他教壞小孩子，官員會恨他帶壞老百姓。都說牢騷滿腹會斷腸，但李白連發牢騷也發得逸興遄飛。高興時欲上青天攬明月，難過時舉杯消愁愁更愁，愁也愁得痛快，悲也悲得灑脫，物來則應，過去不留，詩人的心永遠如同明月般光輝燦爛，不染一絲塵垢。

所以面對各種負面情緒時，不妨學習一下李白的態度，該發牢騷時就發發牢騷，發完後該如何就如何，不要一味逃避，也別過分沉溺。

人生是不完美的，世界也是不完美的。與經過修飾的完美相比，我更喜歡真實的不完美。真正的正能量是認清生活的種種不完美，仍然熱愛生活，是直接面對慘澹真相和淋漓鮮血時，依舊抱有改變世界的勇氣。

對於那些口口聲聲宣稱只需要正能量的人，我只想說一句，你的偏執、狹隘和選擇性相信，也是一種負能量。

04

你不是沒時間，只是不夠熱愛

對於發自內心喜歡的事，無論多忙都是擠得出時間的。

以前還在當上班族的時候，每次得知我又出了新書，很多朋友都表示不解：「你又要工作，又要帶小孩，怎麼還有時間寫書呢？」

回顧那幾年，的確可以用手忙腳亂來形容。尤其是孩子剛出生那一年，晚上根本沒睡過安穩覺，第二天一睜開眼，又是「兵荒馬亂」的一天。白天要忙工作，中午帶孩子睡覺，下午起來接著忙，晚上又要騰出幾個小時來陪孩子。只有等孩子入睡後，我才能喘口氣，重回電腦前寫點文章。

當過媽的人都知道，孩子就是一臺時間粉碎機，有了孩子後，你就很難有屬於自己的整段時間。那又該怎麼空出時間寫作呢？

我的應對之策就是盡量利用碎片時間，比如說，有時孩子的奶奶帶他出去玩，我就有一個小時的時間，好好利用就足夠我寫半篇稿子。晚上孩子通常十點半左右入睡，我十二點左右睡，中間有一個半小時，如此一來，就能把那半篇未完成的稿子寫完。孩子有時在看卡通或是在看書，我就也捧著書在旁邊看。我一直堅持著睡前閱讀的習慣，每天臨睡前可以雷打不動地看半小時到一小時的書，累積下來也很可觀了。

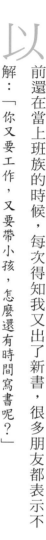

這些時間看起來都很短，但是只要如此堅持下來，我一週就能保持閱讀兩本書的量，一年能寫出一本左右的書稿。有時候回想過去，我自己也不知道那些書到底是什麼時候寫下來的，細細想來，無非是「日積月累」四個字。

時間這個東西像牙膏，擠一擠還是有的。現在只要有粉絲和媽媽朋友們問我怎麼有時間，我都請他們問問自己：「你有時間逛街嗎？你有時間看電視嗎？你有時間美容嗎？」問這些問題之後你就會發現，時間還是有的，這要看你花在哪裡了。

我個人基本上不太看電視節目，也難得去一趟美容院，一季逛一、兩次街，剩下的時間幾乎都花在閱讀寫作上了。可能有些人覺得，這樣的話，工作之餘還得讀書寫字，活得也太緊張了，完全沒有一點娛樂。

每個人的放鬆方式不同，對我來說，讀書和寫作就是很好的放鬆，做這些事時我並不覺得累，而是樂在其中。我並不是說這樣就比逛街、上美容院更好，只是這麼多年來，這幾乎就是我的生活方式。

我有個小妙招可以幫助那些忙不過來的人，那就是幾項工作交替著做。最好是性質完全不同的工作，做完這項，馬上換另一項來做，這樣做不僅提高效率，而且交替做比較不會因為一直埋頭做同一件事而覺得累，對腦子來說是很好的休息。

從時間管理的角度來說，任何一項工作都是無底洞，可以吸乾你所有的精力。**要想身兼數職，唯一的辦法就是不苛求完美，合理分配好時間，別把精力過分投入於其中一項。**

舉個例子來說，我們都知道孩子需要陪伴，但那並不代表你得用二十四個小時來陪他。與其一邊陪小孩一邊自己玩手機，不如好好完整地陪他兩個小時，然後用剩餘的時間來做自己的事。我始終覺得，一個女人即便做了母親，也得有屬於自己的時間，必要時不妨放下手，讓家裡其他人一起分擔照顧孩子的責任。

良好的時間管理猶如金礦，挖掘得越深，收穫就越多。

日本有個叫吉田穗波的醫生，她在一家婦產科醫院任職，工作相當忙碌，同時她也是一位新手媽媽。很多女性可能會覺得工作、家庭難兩顧，但吉田穗波卻在全職工作、陸續生了五個孩子的同時，還到哈佛留學兩年，後續出版了一本書。

她是如何做到的？很多人可能想把所有事一件件按順序完成，但吉田穗波說：「人生太短，不夠時間一件件做，那就一起搞定吧。」所以生孩子、工作、考哈佛這三件人生大事，她都是在同一時間完成的。

準備考哈佛時，她凌晨三點就起床，到孩子六點鐘起床這段時間，專心複習功課。在此期間，她請了保姆照顧孩子們，以便有更多精力用於工作和備考。如此忙亂的生活會不會亂成一鍋粥？吉田穗波誠實地回答：「當然會亂成一團。但如果你想做一個多元且善於利用時間的媽媽，就得把完美主義放在一旁，做一點是一點。」

吉田穗波給我的另外一個啟發是：你得分清楚什麼是不得不做的事情，什麼是想做的事情。她認為，「不得不做的事」要靠「想做的事」來解脫，正因為專心投入想做的事，不得不做的事帶來的痛苦才相形見小。在不同事情的交替刺激下，更能讓鬥志昂揚；增加廣度，才能有放鬆的機會。

對大多數職場女性來說，上班肯定是不得不做的事，其實大部分的人應該都願意把時間花在真正想做的事上，如果會說自己沒時間去做某件事，多半是因為還不夠熱愛。所謂沒時間，大多是在為自己的懶惰和拖延找藉口。有個網友說得特別好，哪有什麼拖延症，拖延，大多是為了逃避自己不喜歡的事而已。

我們身邊總有人說：我沒時間看書；我沒時間學英語；我沒時間寫東西；我沒時間去健身等等，仔細想想，是真的沒時間，還是其實不大喜歡做呢？對於發自內心喜歡的事，無論多忙都是擠得出時間的。既然如此，還不如開開心心去做些想做的事，想逛街就逛街，想購物就購物。不愛讀書、不愛健身也並不丟人，假裝熱愛這些才是自欺欺人。

那麼，為什麼愛讀書、愛健身的人通常都比較喜歡高調談論，但愛逛街、愛購物的人卻總低調得多呢？可能是因為大多數人心中都有著時不我待的焦慮感，希望能將時間用在傳統上認為是有意義的、向上的愛好上，十有八九的人都害怕虛度時光。

而什麼樣的人生才算不虛度呢？還是德語詩人里爾克說得好：「不快樂的每一天都不是你的，你只是虛度了它。無論你怎麼活，只要不快樂，就不算生活過。幸福的人可以從微小的事物中汲取快樂，每一天都不拒絕自然的饋贈。」

人生已經如此艱難辛苦，為了謀生，我們很多時候不得不去做不怎麼喜歡的工作，那麼剩下來的那一點休閒時間，我想還是花在讓自己快樂的事情上吧。什麼事情最讓你感到快樂，就去做什麼。

所以我個人推崇的時間管理術，實際上並不是以高效率、有用為首要目的，而是按照個人喜好來安排時間，怎麼舒服怎麼來。不要害怕玩物喪志，在當今這個時代，玩著玩著也許就成行家了。愛化妝的，也許把自己變成時尚博主；愛八卦的，說不定能營運出一個超讚的娛樂公眾號。那麼就算不能成為大咖，至少你從中得到了無限樂趣。

從現在開始，就去探尋你真正的興趣所在吧。七十六歲才開始畫畫的摩西奶奶說得好：你最願意做的那件事，才是你的天賦所在。

生命苦短，請把時間「浪費」在最熱愛的事物上。就算是虛度光陰，這也是最美好的虛度。

生命苦短，

請把時間「浪費」在最熱愛的事物上。

就算是虛度光陰，

這也是最美好的虛度。

05

保護你的夢想，然後慢慢實現它

只有真正被夢想擊中的人，才能體會到為此全速前進的快樂。

在討論夢想之前，我想先說兩個小故事。

1

國中同學最近建了一個微信群組，寒暄之後聊起彼此近況。大多數人都循著以前的生活軌跡，過得不好也不壞，但有一個同學的變化讓大家驚掉了下巴。他曬出的名片是廣東一家知名證券公司的總監，有次在朋友圈發了張邊開車邊聽音樂的照片，有眼尖的同學一眼認出那是輛 Audi A6。

股災那陣子，大家熱衷於在群組裡討論股票的起落，這個說虧了幾萬，那個說虧了十幾萬了。只有他一直沒吭聲，有人問起，他淡淡地說：也就虧了一、兩百萬。幾個月後股市行情好轉，他不僅把虧的錢賺回來了，又送了輛賓士車給女朋友。

證券公司、總監、豪車、股票，這些都給他鍍上了一層金光。但讓大家心情複雜的是，他在念書時一點都不起眼，豈止是不起眼，簡直可以歸入讓老師頭疼的吊車尾學生行列，永遠坐在最後一排，成績永遠墊底。他的家境也不好，國三時，據說因為家裡沒錢供他讀書，就索性輟學了。老師還派了幾個同學去他家裡勸說，到他家時他已經南下，獨自一人去了廣東。

這樣一個大家眼中沒背景、沒學歷、年僅十幾歲的男孩，「手無寸鐵」地闖入外面的世界，可想而知，在舉目無親的城市裡應該也吃了不少苦。聽說他剛去時進了一家髮廊當學徒，也就是打打雜，什麼髒活累活都要做，還得受老員工欺負，而且也掙不到什麼錢。

除了當髮廊小弟外，他還進過工廠當工人、做過小生意、擺過地攤，用他的話來說，都是些沒什麼前景的工作。但因為他人機靈、能吃苦、肯鑽研，日積月累下居然也攢了一筆不小的積蓄。

西元二〇〇八年，他無意中聽人說起炒股很賺錢，就把儲蓄的幾十萬積蓄全投入股市。結果，就像你瞭解的那樣，股市崩盤，他辛辛苦苦攢的錢幾乎全部打了水漂。那時不少人因為股票大跌跳樓，我開玩笑地問他怎麼沒跳樓？他也笑著回答：「我住的房子外面裝著防盜網，想跳也跳不了。」笑過後又正色說：「我剛到廣東的時候就一無所有，即使股票全虧了，頂多也就是一無所有。我年紀輕輕的，大不了從頭再來就好。」

當大家感到恐懼的時候，他卻從當中看到了機會。就是那一年，他瞄準了證券這個行業，他認為這是個金光閃閃、前途無量的職業，如果入了行，有專業知識傍身，肯定可以在股市中翻身。但要進證券業談何容易，何況是連國中都沒念完的他，如果換做其他人，可能早就打退堂鼓了，甚至有人還開玩笑地說，你才讀那麼一點書，就不要幻想進什麼證券公司了，但他就是不服輸。

「我的夢想就是進證券公司，既然有夢，就應該用盡全力去追求。」他花掉身上最後一萬多塊錢，抱回一堆和證券金融相關的專業書籍，沒日沒夜地在出租房裡啃，餓了就吃泡麵，不懂的就上網查。就這樣啃了大半年，當年常常數學只考幾分的吊車尾學生，竟然一次就通過證券分析師的考試。

他一邊準備考試，一邊自行進修，穩紮穩打地考了一個高等教育自學考試。憑著這股狠勁，他在證券公司突飛猛進，短短幾年內連續升職，很快就升遷到了老總級別。如今的他，最愛掛在嘴邊的一句話就是「富貴險中求」。當年那些笑他的人，往往把他的成功歸結於運氣好，但客觀地看待，他真的僅僅依靠的就是運氣嗎？當別人把他的成功膚淺地歸結為運氣時，有沒有想過他背後付出的汗水和努力？套用一句很流行的話來說，你以為的幸運，只不過是他人努力了很久發出的光亮。

他的故事簡直就是電影東方版的《當幸福來敲門》，影片講述了一位瀕臨破產、老婆離家的落魄業務員，如何刻苦耐勞地善盡單親責任，奮發向上成為股市交易員，最後成為知名金融投資家的勵志故事。

電影中，男主角威爾．史密斯的一句名言曾無數次激勵了他，落魄潦倒時，史密斯對兒子說：「別讓別人告訴你，你成不了才，即使是我也不行。只有自己做不到的人才會這麼對你說。如果你有夢想，你應該保護它，然後去實現。」當我問起他的成功祕訣時，他就是這麼回答我的：「如果你有夢想，應該好好保護它，然後去實現。」

2

一個很偶然的機會下認識了亞娟。平時交談不算多，作為一家出版公司的總監，她大多數日子都忙得焦頭爛額，不是在陪作者簽書，就是在企劃新選題。毫無疑問，她的抗壓能力很好，不管多忙碌，她的狀態總是元氣滿滿，從來沒聽她抱怨過什麼。

當拿到她的最新作品時，我不禁大吃一驚：真不知道她拿什麼時間寫出來的？關於這個問題，亞娟在後記中平靜地說：過去的一年裡，一有時間就在寫，哪怕是過年休假也沒有懈怠過。

很多人或許覺得，有必要活得這麼拚嗎？殊不知，只有真正被夢想擊中的人，才能體會到為此全速前進的快樂。拚，是為了更能好好地實現嚮往的目標。如果不拚一下，怎麼知道自己能否抵達遠方？

對於所有走在路上的追夢人來說，亞娟的故事頗有借鑑意義。和大多數普通人一樣，她出身平凡，起點不高，高考失意後進入一所專科學校讀書，所學專業也和自身愛好風馬牛不相干。換成其他人，也許會想不如接受現實吧，但她始終記得自己最愛的是寫作，於是在同學們不解的目光中，她開始持之以恆地閱讀與寫作，儘管最初投給雜誌的稿件總是石沉大海。她當時的夢想，只是能夠成功發表自己的作品。

畢業後，她沒有像多數同學那樣，留在中小城市做一份和專業相關的工作，而是選擇來到北京，因為她此時的夢想是想從事和文字相關的工作。「如果你要進場，就要先拿到進場的資格。」這是亞娟一個朋友所說的醒世恆言，也被亞娟當作座右銘。二十歲的時候，她夢想著能出一本書，哪怕沒有稿酬；初入行的時候，她夢想著能做一名編輯，哪怕工資微薄。

在追求夢想的路上，亞娟也走過不少彎路。她的作品曾經無法發表，她的書也曾經遲遲無法出版。剛進入出版行業時，一開始從事的也只是助理的工作。但她認為，只要目標夠清晰、腳步夠堅定，彎路和直路通向的都是同一個目的地。

經過十幾年的堅持，亞娟的夢想終於開出了花朵，她和幾個朋友聯合創辦了一家出版公司，做出了一系列暢銷書。不忘初心，方得始終，她遠比最初的期待走得更遠了。

為了夢想而往前奔跑的那些時光，亞娟碰到了不少志同道合的夥伴，她稱之為「夢想同路人」。打開她的書，可以看見這些夢想同路人的追夢故事：年薪兩百萬的公司高層，為了寫作放棄工作，每天從早上八點一直寫到深夜；對設計情有獨鍾的小夥子，熬過了彈盡援絕的北漂歲月，終於成為業內的翹楚；喜歡上同學家大哥哥的女生，勇敢地展開了倒追，最終成功牽手意中人……。

夢想究竟是什麼？亞娟說：夢想是你最喜歡做的那件事，是你內心深處最強烈的渴望，是你可以為之不顧一切竭盡全力的事。夢想不僅關乎愛好和事業，還關乎愛情、友情、家庭、生活，夢想是你可以選擇的、喜歡的一種生活方式。

我認為夢想是個人財富，不必跟別人比，也不一定要多偉大，只要能讓你感到喜不自勝的，都是好夢想。

如今這樣一個時代，所有人都喜歡把「夢想」掛在嘴邊，但那些口口聲聲說自己心懷夢想的人，是否曾想過，如果你追求的夢想通往的並不是一條金光閃閃的大道，也不是一個舒適愜意的避風港，而是充滿荊棘和坎坷，那麼你還會勇往直前嗎？

聽了上面兩個故事就會知道，原來追求夢想從來不是一件容易的事，對於真正被夢想擊中的人，夢想就是孔子所說的「造次必於是，顛沛必於是」的那個「是」，就是你即使碰得頭破血流也捨不得丟棄的東西。

真正有夢想的人，從來都不會因為遇到困難就輕易放棄，他們會腳踏實地、一步一步地朝著目標出發，哪怕夢想就像月亮一樣遙不可及，哪怕通往的只是虛無。如果只是抱著「萬一實現了呢」的想法，那基本上是很難實現的。只有全力以赴，才可能讓夢想開出花來。

天后王菲曾經在接受採訪時表示，所謂幸福就是「有方向，在路上」。對心懷夢想的人來說，夢想就是方向，是漫天迷霧中的一盞明燈，能夠找到夢想並且竭盡全力去追求的人，都是有福氣的。如果你真的有夢想，就聽從內心的聲音，別理會那些說你不行、你做不到的冷嘲熱諷。

真正的優雅，能抵禦世間所有不安

06

真正優雅的人，遍歷人間滄桑，依舊雲淡風輕，縱然有過怨氣，也早已被消解。

昨天在微信朋友圈裡開了一個話題，讓大家討論一下什麼是真正的優雅，心目中有沒有哪個女子能夠稱得上優雅？

其中有兩個答案給了我較深的印象，一個說是林青霞，不論幾歲也從不矯情地想要掩飾。還有另一個說是鄧麗君，她的歌沒有怨氣，即便唱的是「證明你一切都是在騙我」。她不將聽歌人的情緒染色，不讓憂鬱的更憂鬱，絕望的更絕望。給別人的情緒染色，是贏得眾人喜愛的捷徑，在情緒的深淵邊推人一把，準保讓人一輩子記得你，但她下不了手。到了一定年紀，終於覺得這其實是一種道德。

什麼才是真正的「優雅」呢？感覺這兩個答案有點接觸優雅的本質了，一是不矯情，二是沒有怨氣。

身為女人，都想活得優雅。如果要舉出作為優雅的典範，很多人都會聯想到民國時期那群女子。那是個群芳薈萃的年代，擁有一群芳華絕代的女神範本：林徽因、陸小曼、張充和、孟小冬、阮玲玉、胡蝶……，一個個名字綴在一起，才成就了那個時代的滿天星光。這些女子身份迥異，出身懸殊，如果說她們有什麼共通性的話，那麼就是「優雅」這種特質。

肯定會有人說，什麼優雅啊，還不就是有錢有閒階級的標籤？不可否認，有錢有閒階級更容易出產優雅名媛，但這並沒有構成滋養優雅素質的必要條件。

就像我在《時光深處的優雅》一書中寫到的二十四個民國女子，她們有的出身寒微，有的顛沛流離，但這並不妨礙她們努力經營自己，在歲月的打磨中愈加光彩奪目，幻化成現代眾多女性心中的一個符號、一個夢想。

我曾寫下〈張充和：她選擇留在自己的時代裡〉一文，原本只是感念她特有的閨秀氣質，沒想到一發不可收拾，寫下了二十四位民國女子的故事，並且結集成書。

傑出的女子那麼多，為什麼會選擇這二十四個人？多半是因為她們身上有打動我的特質。從她們的故事裡，可以映照出我們的人生。細細考察她們的經歷，也能讓我們對什麼是優雅有更深切的認識。

民國是一個極其動盪的年代，新舊碰撞、政權更迭，遠遠沒有後人想像的那麼浪漫美麗。戰火紛飛的亂世中，有一群纖纖弱質的女子，守住了內心的底線和操守，詮釋了什麼叫作優雅和從容。

在重慶滿城的警報聲中，張充和仍然堅持練書法，防空洞就在桌子旁邊，她端立於桌前一筆一劃地練習小楷，警報聲一響就可以迅速鑽進洞中躲避。這樣的她儘管看上去有些狼狽，骨子裡仍是優雅的。

日本軍隊發動侵略時，林徽因指著門前那條河，淡淡地說：「要是他們真的打過來，我就跳下去。」年幼的孩子驚恐地拉著母親的手說：「那我怎麼辦呢？」林徽因一字一句地回答：「國之不存，怎顧得你！」這時的林徽因，鐵骨錚錚，露出了少有的崢嶸，同樣是優雅的。

當張愛玲體認到胡蘭成的花心已無可挽回，張愛玲去信給他說：「我已經不喜歡你了，你是早已經不喜歡我的了。你不要來尋我，抑或寫信來，我亦是不看的了。」即使做不到一別兩寬，各生歡喜，至少也不出惡言。後來提起胡蘭成來，她也從來沒有當眾譴責過。這樣的分手方式，也擔得起「優雅」兩個字吧。

文革期間，楊絳被剃了陰陽頭[1]，她拿起女兒剪下的辮子，細細織了一頂假髮戴上。被發配去打掃女廁後，她發現那裡反而是一個安樂窩，可以讀讀隨身攜帶的舊詩詞卡片。這樣的心境，更是優雅的最佳詮釋。

那麼，到底什麼才是真正的優雅呢？我想，真正的優雅就是我們常說的「隨

1 陰陽頭：指剃一半，留一半的髮型。

遇而安」，無論處於什麼樣的境遇，都能夠從容面對。但光有隨遇而安的恬淡還不夠，還得有內心的篤定和堅守。守得住底線，熬得過艱辛，這樣才能做到由內而外的優雅。

《大學》云：「知止而後有定，定而後能靜，靜而後能安。」知道自己要什麼，在一生懸命的追求上從未放棄過，內心才能夠安定。不管是張充和還是林徽因，她們恰恰做到了這一點。世界從來不安，時局多半動亂，有了安定的內心，才可以做到在不安的世界裡安靜地活，才能夠活得優雅。

真正優雅的人，遍歷人間滄桑，依舊雲淡風輕，縱然有過怨氣，也早已被消解。所以楊絳寫文革往事，用筆清淡，從無一句血淚控訴，真正做到了「哀而不傷」、「婉而多諷」。

回憶往事，楊絳寫道：「常言『彩雲易散』，烏雲也何嘗能永遠占領天空。烏雲蔽天的歲月是不堪回首的，可是停留在我記憶裡不易磨滅的，倒是那一道含蘊著光和熱的金邊。」

那群時光深處的民國女子，給我的印象就是那一道含蘊著光和熱的金邊，哪怕漫天烏雲，只要抬頭看見有這麼一道金邊，也能給人無限慰藉，讓人看到活著的尊嚴和希望。

世界從來不安，時局多半動亂，

有了安定的內心，

才可以做到在不安的世界裡安靜地活，

才能夠活得優雅。

07

急匆匆的時代，難得慢悠悠

感到低潮時，他請了年假，
開著自己的二手車，來了一次説走就走的旅行。

大師是我的一位同行，在一家報社當攝影記者。他當然是有名字的，但大家似乎都忘了他的名字，異口同聲叫他「大師」，熟一點的會在大師兩個字前加上他的姓，親切地稱他為「繆大師」。

有時在採訪時遇見了，同行們會互相問好，當聽到我們叫他「大師」時，周圍人都會特意多瞧他一眼，這一眼之後難免露出幾分驚訝，多半是因為他既不老，樣子也不仙風道骨，和人們心目中的大師形象相去甚遠。

豈止是不老，其實他還相當年輕。攝影是個耗費體力的活動，得揹很重的器材，還得爬高爬低，年紀稍微大一點還真吃不消，所以報社的攝影記者清一色都是年輕小夥子，大師才三十歲，就常常以「老人家」自詡。

大師是客家人，老家在廣東梅州。印象中香港電影裡有個「小廣東」，就是長得像他這樣，不到一百七十公分的個子，瘦瘦小小，皮膚有點黑、顴骨高、眼睛大、鼻子高，在廣東人裡面還是稱得上帥哥的。

報社記者表面風光，內心焦慮，用廣東話來說，這是個「手停口停」的職業，但版面就那麼多，很多人難免會為多上幾篇稿子、多發幾張圖片爭來爭去。大師很有風範的，他從來不爭這些，有採訪任務就去拍，沒有的話會去掃街，拍些花花草草、貓貓狗狗，那些照片很少見報，倒是常出現在他個人的粉絲頁上。

就是因為他太淡定了，剛來的時候，他坐了幾個月的冷板凳，差點就要離開，後來因為當時實在是人手不足，上級才叫他留下來試試看。後來在一次大型活動中，報社攝影記者全部出動，這種場合最考驗攝影師，因為無法以題材來取勝，靠的是眼力和技術。上百張圖片傳上去，他的作品被一眼相中了，上級這才發現，原來這個不顯山不露水的小夥子，手上是有真功夫的。

在業內，大師以「三不」聞名。

其一，不趕場。有些攝影記者一天接好幾單的案子，這裡匆匆忙忙拍幾張，馬上又趕下一場匆忙拍幾張。遇到活動方不另外發紅包的，腳底就像抹了油，溜得格外快。

大師每天頂多跑兩個採訪，他的理由是趕急了往往拍不了好照片。對於金錢什麼的，他從來不計較，拍得一樣認真，有時甚至會把一些商業性質的採訪讓給其他同事，自己去拍些諸如民間藝人巡遊之類的圖片。有些活動，去到現場才知道照片是無法發的，但他照樣捧著相機一絲不苟地拍攝，不抱怨、不嚼舌根。

文字記者都喜歡他，搭夥分線的時候，一夥人爭著說：「讓大師跟我這條線！」

他發的圖片不多，但品質都不差，可惜在報社，發稿量重於一切，所以他的勞務報酬每個月總是墊底。

其二，不擺拍[1]。擺拍早就不是什麼業界潛規則，而是人人心知肚明的顯規則了。大師這點叫人又愛又恨。愛的是，這樣拍出的照片更自然、更能為稿子增色；但恨的是，不擺拍有時真的很費時間，記者們每天急急忙忙，哪有那麼多時間陪他慢磨。

但不管外面的人怎麼說都改變不了大師，他仍然堅持自己的原則，靜默地守在採訪現場，帶著他同樣靜默的攝影機。

汶川地震那年，他所在的報社派出了兩個攝影記者，回來後，其中一個交上上千張圖片，還出版了一本主題為地震中的愛和希望之類的畫冊，一時風光無比；另一個拍的圖片本來就很少，而且見物不見人，照片中只有廢墟，沒有廢墟裡的人，上級看後覺得色調太灰暗了，一張都沒有採用。後面這個人就是大師。

1 擺拍：由攝影師設計主導且設計情境。

我們都替他可惜，問他為什麼不拍點人物，他掉過頭去說：「太慘了，拍不下手。」再問為什麼同事卻能拍出那種帶著淚光的笑容呢，他沒有多做評論，只是回答：「每個人都是不一樣的。」

堅持原則的代價是他被報社「冷凍」了，好長一段時間後，才有機會重見天日。那段時間，他的攝影粉絲頁還是照樣更新著，發些最近拍的花鳥蟲魚，還有他做的客家美食，看不出有什麼心情波動。

其三，不評獎。新聞圖片方面的獎項就不提了。大師有一些放在個人粉絲頁裡的攝影作品中，居然引起一些攝影學會的注意，有拉攏他入會的，也有想說服他去參評各類獎項的，他說先考慮考慮，我們都知道，依他的個性，一件事如果要再三考慮，多半都沒了下文。

很多人都想不通，評獎是多好的一件事，又不要費什麼力。他的理由是自己作品的火候還不到，拿來自娛自樂就夠了，沒必要讓太多人看到。問他想不想出名，他回答說當然想，只是得拍得好才行，在他看來，名過其實比沒有名氣還要糟糕。

大師這麼一個風華正茂的小夥子，當然也有自己的愛情故事。

剛認識他時，他是有女朋友的，有時會遇到他們兩個人手牽手一起散步。那是個長相平凡而普通的女孩，偏在他的鏡頭下總是有動人的一面。每次在博客上看到大師粉絲頁上上傳那女孩的漂亮照片時，總是免不了感嘆，有個會拍照的男朋友可真好啊！

聽說他們認識於雲南，大師入行的第一份工作是在昆明的一家報社，這個女孩恰好在雲南念大學，在一次同鄉聚會中相遇。

女孩和大師一樣是廣東人，許多廣東人總有個偏見，覺得中國之大，除了廣東之外都是窮地方，更何況是雲南這樣的窮鄉僻壤。所以廣東人極少有在他鄉闖蕩的，大多留在家鄉發展。

女孩畢業後，父母命她也必須回廣東工作。大師原本在雲南過得很開心，他喜歡那裡一年四季藍得透明的天，喜歡那裡的汽鍋雞、米線、餌塊，也喜歡那裡質樸的民風和熱情的居民。畢業後他也是抵抗父母之命才去雲南的，原本以為可以在那裡待上許久，這下子，為了愛情卻不得不回廣東，才因此輾轉來到了我所在的小城市。

有一次他們兩人一起到同事家玩，新聞工作者多半都是多話多言語者，對比之下，這對情侶就顯得特別沉靜。女孩和大家打完招呼就直奔書房，找本書靜靜地待了一下午，大師倒沒閒著，走來走去扛個相機幫大夥拍照。我們都覺得他們兩個人很搭，吃飯的時候就笑著問他們什麼時候請吃喜糖。女孩的臉紅了，大師笑著回答：快了快了。

這段在他鄉結下的愛情，不料回到家鄉後卻反而水土不服。沒過多久，傳來了女孩和大師分手的消息，據說是因為家長的反對，嫌大師話太少，像個悶葫蘆，對他的職業也瞧不上眼，認為做攝影記者這一行工作不穩定，而且沒有前景。

大師出身於公務員家庭，父親和哥哥都在老家梅州當公務員，家裡有些人脈，也勸過他回去報考公務員，認為這樣女孩父母就不至於反對了，但大師沒有妥協。女孩哭著問他為什麼不為他們的愛情努力一次，他沉默良久後回答：「我習慣晚睡晚起，公務員每天都得早起上班，我受不了。」

女孩只得哭著離開他，委屈地聽從父母之命和公務員相親。

臨走時，大師送了她一本相冊，裡面全是他為她拍的照片，女孩傷感得哭了，她知道，只有在他的鏡頭下，她才會如此動人。

後來幾乎，曾聽說大師喜歡上另一個女孩。這個女孩是典型的白富美，海外歸國，名校碩士，身高一百六十八公分，父親是當地政要。但難得的是她家教好，待人接物相當謙和有禮，要不是知道內幕，根本看不出她是官二代。

大師和白富美經常一起出去採訪，兩人年紀相仿，又都有點文藝小清新的氣息，自然很快就走近了。工作之餘，白富美還經常纏著大師學攝影，一來二去的，就有人拿他們打趣。本來只是取笑，大師卻當真了，誰都看得出來，他看白富美的眼神越來越灼熱。後來有次我開玩笑問他，怎麼還不去表白啊。他自嘲說，人家是白富美，哪看得上我這種人。也許他一直在為表白積蓄勇氣，但沒等到他的勇氣蓄滿，白富美在報社實習完，就回去政府機關上班了，他們之間的接觸漸漸減少，他似乎錯失了表白的最佳時機。

大師感到低潮時，請了年假，開著自己的二手車，來了一次說走就走的旅行。他對雲南一直情有獨鍾，所以度假首選還是雲南，當然不是那些遊客如織的旅遊景點，而是一些非常偏遠的山區。他說，這輩子即使不能在雲南生活，也得為雲南人民做點什麼。

回來後他曬黑了，人也瘦了一圈，眼神卻恢復了以往的淡定。有人問他那個女孩的事，他平靜地吐出四個字：齊大非偶。他帶回了為山區孩子拍攝的照片，開始試著和當地的公益組織聯繫，希望能在那些地方建一所學校。

近年來，他習慣一個人生活，總是叫自己「獨居老人」。也沒再聽說他追求過誰，倒是聽說他養了一條叫大貓的狗，這條狗成了他攝影的主角，出鏡機率特別高。我們做朋友的，都特別希望能有個漂亮女孩來取代大貓的地位。

他倒是一點都不急，看他的架勢，是打算和大貓天長地久地過下去。我沒見過他為什麼事焦急過，在這個急匆匆的時代，他就像從遙遠的古代穿越過來的，那時人心還沒有這麼浮躁，人們還沒有這麼急赤白臉。

我常去他的博客逛逛，他拍的照片總會讓人心裡感到安靜。對於攝影，我是個完全的門外漢，不知道他的水準是在哪個級別，但在我心目中，他是個真正的大師。

他就像從遙遠的古代穿越過來的，

那時人心還沒有這麼浮躁，人們還沒有

這麼急赤白臉。

Chapter 03

縱然人生是苦的，
也別忘了往裡面加一點甜

金錢和愛情迷思，情侶間的金錢關係學

01

她介意的是，他明明有能力偶爾請她去吃一頓大餐，卻只願意請她吃最便宜的快餐。

在以往的經驗裡，我見識過真正的零成本戀愛，並且因此發覺，不能談論金錢的戀愛，對一個女人的傷害有多深。

剛畢業那時我和人合租一層兩房租屋，房子很小很破舊，廚房裡到處都是蟑螂，廁所的地板老是往外滲水。室友是我的同鄉，姑且叫她小安吧。小安在一所中學任教，外表和為人一樣樸實，不化妝、不打扮，沒事就在家整理，把陳舊的老房子收拾得乾乾淨淨的，而且燒得一手好菜，週末總有些朋友同事到她這裡來吃飯。

我住進這裡時，小安已經快二十八歲了。在我們這種小城市，二十八歲還沒有男朋友，已足以讓人在背後指指點點。

小安二十八歲生日那天，朋友們提著蛋糕禮物為她慶祝，小安做了一桌子菜，我也貢獻出珍藏許久的進口紅酒。那是小安第一次喝紅酒。一大桌子的人亂哄哄地吃菜說話，誰也沒留意她一個人默默喝掉了半瓶紅酒。

吃蛋糕前，朋友們起鬨讓她先許願，小安臉泛紅雲，眼波流轉，對著插滿蠟燭的心形蛋糕，清晰地說出自己的願望，她說：「我希望今年能找一個男朋友。」一大家愣了一下，然後回應她熱烈的掌聲。

那天晚上，朋友們走了後，小安繼續一個人自斟自酌，我走過去搶她的酒杯，她緊緊握住杯子，淚眼汪汪地盯著我說：「親愛的妳知道嗎，我二十八歲了，還從來沒有談過戀愛。從來都沒有。」她哭著問我是不是很丟臉。我什麼都說不出來，只是拿過酒瓶，往她的杯子加滿酒。

生日過後，親朋好友都踴躍地幫小安介紹男朋友，在這些人當中，小安和一位姓陳的男人來電了。這個男人的優點是，在享有高福利的機關單位上班，是這個年代最受丈母娘青睞的公務員女婿人選；缺點是個子矮、肚腩大、頭髮少。老實說，小安稍微打扮一下還是蠻清秀的，我們都覺得她配老陳綽綽有餘，但小安則覺得以她目前的年齡來說，已經沒有太多挑選的餘地了。

她在第一次相親後回來跟我說：「他三十歲了，聽說還沒有戀愛過。」

我認真地問她：「妳覺得這樣好嗎？」

小安想了想，嬌羞地說：「我覺得蠻好的。」

然後她就開始戀愛了。回想起來，那是我跟她住在一起，曾見她最快樂的時光。我始終記得，女孩守在廚房裡，繫著圍裙，花兩小時耐心地煲一鍋湯，只為了讓她的男友下班後能夠喝上一口暖暖的老火煲湯。

他們好像沒有經過太多轟轟烈烈，就直接進入了細水長流的階段。每天傍晚，我下班回到家，通常都會看到小安在廚房裡忙碌。老陳一開始還會在廚房幫忙，但屢次被小安推出來，理由是「你上了一天班辛苦了」。後來他索性就坐在客廳等吃飯，頂多在飯菜端上來時說一句「辛苦你了」。

戀愛對於小安最大的改變就是，下班後有個可以一起吃飯的人。這對她來說已經很滿足了，從來沒有戀愛過的她，全心全意地投入這段感情，好像要把積蓄了二十八年的愛戀，全部用在那個相識不久的男友身上。她為他洗衣、做飯，陪他一起看肥皂劇，去香港出差時，還特意花了一個月的薪水為他買了天梭手錶。

小安簡直生來就是做賢妻良母的料，那陣子正學著做西點。我每次聞著廚房裡傳來的濃郁香味，口水直下三千尺，對那個坐享其成的老陳無比羨慕嫉妒。

兩人發展得很快，年中相識，年底已經在討論在哪裡買房子，但問題卻偏偏就出在這件事上。

小安眼睛紅紅地敲著我的門時，我嚇了一跳，試探著問她是不是被非禮了。

小安吞吞吐吐地說：「陳哥向我借三十幾萬。」這個消息可遠比非禮更震撼，這可不是一筆小數目。我連忙問：「用來幹嘛呢？」「買房。」小安告訴我，老陳想換個大房子，但他原來買的房子還有貸款沒還清，所以想讓她幫忙還貸款。

對此我十分不解：「你們才戀愛沒多久，為什麼要向妳借錢，不能向朋友借嗎？」小安解釋說老陳是北方人，在這邊沒什麼朋友。

我徹底無語了，一個大男人好歹在社會上混了這麼多年，怎麼就連個朋友都沒有呢？但後來我總算知道，為什麼老陳會交不到朋友了。

那天我們擠在一張床上聊到很晚，小安虛心地問我，一般情況下，情侶之間會如何戀愛。

事實上我遠遠談不上情史豐富，只能照著我有限的戀愛經驗告訴她，通常也就是出去吃飯、看電影、聽音樂會、旅遊什麼的。然後我反問她：「你們不是這樣嗎？」

「我們有點特殊。」小安支吾了一陣，坦白說起了她和老陳交往的過程：

第一次約會，地點選在中山公園（門票免費），閒晃了兩小時後，小安說口渴，老陳讓她先忍忍，因為公園裡賣的礦泉水八塊錢一瓶，不能便宜了黑心商販。

第一次吃飯，地點選在真功夫餐館，老陳為了點雙人套餐還是分開單點合計了半天，兩者之間的價格相差十幾元而已，小安吃了套餐後又點了杯奶茶，老陳數落她不懂事，理由是外面賣的奶茶比店內的還便宜兩元。

第一次來做客，老陳帶來的見面禮是一枝玫瑰，然後開心地吃完小安做的三菜一湯。後來老陳的吃飯問題大多就是在這裡解決的，陪小安去買菜的時候，他態度倒還好，所有菜都歸他拿，當然，他出了力，菜錢就只能由小安出了。

聽完之後，我總算知道小安的戀愛「特殊」在哪裡了——談戀愛總得花點錢，可是這位老陳幾乎是一毛不拔。「極品啊。照理說他應該不窮，他那個職位可是出了名的肥差。」我總算見識到什麼叫作「零成本戀愛」，要不是對老陳所在單位的底細早一清二楚，我可能會懷疑他是不是從非洲逃難過來的。

看我反應如此強烈，小安又忍不住為男友辯解：「他雖然小氣點，但對我是真心的，他的意思是，錢要存起來用來買房子。我想結婚以後，兩個人的錢反正會歸在一起，所以應該沒什麼關係吧。」

我只好苦笑。

小安說著說著，漸漸抽噎起來：「再說我年紀也不小了，長得也不怎麼樣，現在還能有什麼要求呢，只求能找到一個肯和我相依相偎的人就行了。我媽媽說過，女人總是要受些委屈的，只要肯委屈些，他總會對我好的。」

我只好抱抱她，小聲勸她別再哭了，明天還要和學生們上課呢。

小安徵求了大家的意見後，並沒有借錢給老陳。他因此消失了一段時間。

那天我難得提早回家，恰好碰見老陳來了，不知是不是有了偏見的緣故，老陳還是那個老陳，我卻覺得他的禿頂前所未有地有礙觀瞻。

桌子上的花瓶中插著一枝玫瑰，小安高興得喜形於色的，我卻想著：老玩一朵玫瑰這一套，想登門賠罪好歹多買幾枝玫瑰啊，一朵玫瑰是哄小女生的吧。

小安拉著我一起出去吃飯，我想著再怎麼樣也得給室友面子，於是就去了。點菜的時候，我點了一個黑胡椒牛排套餐，外加一盅老鴨冬瓜湯。這時，我注意到對面老陳的臉色有點發青，惡作劇的心態頓時冒了出來，揮手又點了一客香蕉船。

小安只點了最普通的揚州炒飯，我讓她點杯飲料，她都說不要。

等我們吃完買單的時候，老陳坐在椅子上一動也不動，小安見狀悄悄地拿出錢包。

我知道小安平常很節省，買把小白菜都要殺價，讓她破費我於心不忍，連忙掏出錢包說：「平時經常吃你做的糕餅，這頓我請了。」其實也不過六、七百元而已，何至於有人竟為此寬然不動呢？這樣的鐵公雞，能有人和他做朋友才怪。

在沒有談戀愛之前，我們租屋處幾乎就是小安學校年輕人的固定聚餐地點。可是談戀愛之後沒多久，老陳就鄭重地向小安提出，能不能別叫朋友過來吃飯，一桌子人吵吵嚷嚷叫人頭痛。

小安哪能開得了這個口，倒是每次朋友們來的時候，都會看見老陳坐在客廳裡鐵青著一張臉，像門神一樣，漸漸地也就不太愛來了。

從那次吵架後，小安對老陳就更遷就了。學校一放寒假，他們已經在討論該去誰家過年，結論是年前先去老陳家，然後再一起回湖南，正式向小安的父母提親。

為了給老陳的家人留個好印象，小安特意去澳門血拼。她為老陳爸爸買了進口菸酒，為老陳媽媽買了高檔的冬蟲夏草，為老陳買了名牌西裝，最後一狠心，為自己買了一件 Burberry 的風衣，外加一套蘭蔻的彩妝用品。但我其實很想知道老陳為她的父母準備什麼禮物，但想了想還是沒敢問。

過完年回到廣東，聽到的卻是小安分手的消息。

小安蜷縮在沙發上，拎著一瓶烈酒，醉眼迷離地看著我說：「告訴妳一個消息，老陳和我分手了。」

我吃了一驚，一時不能判斷這個消息到底是喜訊還是噩耗。

當我還沒有想好如何開口時，小安已經哭成了淚人：「老陳，他不要我了。」

這消息真是石破天驚。

原來這次小安隨老陳回老家，他媽媽一開始見到她還蠻熱情的，可是看到她帶來的禮品，聽說她身上的大衣價格後，就變得很冷漠，其實小安擔心老太太心疼花錢，報的價格還比原價低了許多。

「老太太還特地跑去化妝品專櫃，看我用的化妝品是多少錢一套，回來後和她兒子嘀咕了兩天，老陳就說不能跟我回湖南了。」小安越說越委屈，她沒想到辛苦攢錢買下的禮物，這下子竟被當成奢侈浪費的罪過。更沒想到，老陳和他媽媽會就這麼站在同一戰線，列舉了她諸如愛亂交朋友、愛亂花錢等諸多罪狀。

「他們的結論是，我不是個適合一起過日子的人。」小安氣憤不已，「妳說說看，我怎麼就不適合過日子了。」

聽到她的控訴，我忽然想起，就在不久前她還在廚房裡繫著圍裙，歡天喜地地忙碌著，那時候的她是多麼快樂，滿心都是把日子好好過下去的憧憬。就是這個勤儉的姑娘，豪氣干雲地花掉一年的積蓄，想帶給男友的家人驚喜，結果回報她的卻是責怪和失望。

「我媽媽總是說做女人要學會委曲求全。」小安幽幽地嘆了口氣，「我已經很委屈很委屈了，為什麼還是不能求全？」我能想出的最有效的安慰方式，就是陪她去逛街。那天我們去的都是平常難得光顧的專櫃。幾個小時後，小安一身亮麗地走出商場，包包裡放著一張刷爆的信用卡。我提著大包小包跟在後面，看到的是一個女人的新生。

從那次以後，小安就像變了一個樣，她在物質上不再苛待自己，只要是在能力承受範圍之內，她都會盡可能地滿足自己。

老陳的事對她的打擊還是蠻大的，所以很久以後才聽到她又戀愛了。這次的男朋友很大方，求婚鑽戒都買卡地亞的，倒是小安捨不得花他的錢，執意要求只要買個普通的鉑金戒指就好。

某一天她告訴我，有一次她和男朋友去逛街，經過一間快餐店，看到老陳和一個女孩在店裡吃飯，在簡陋擁擠的店裡，老陳對著一份普通的燒鴨飯，吃得滿面油光。

小安急忙走了過去，並沒有和老陳相認，當下她感到有點難過，卻也有點釋然，難過的是，回想起了和老陳在一起時受的委屈，釋然的是，他對其他女人並沒有比對她大方，也許他並不是不愛她，只是這份愛還不足以上升到改變他的金錢觀。

小安說，她其實不介意在哪裡吃飯，她介意的是，他明明有能力偶爾請她去吃一頓大餐，卻只願意請她吃最便宜的快餐。

女人要明白，愛情和富有與否無絕對關係，但是，女人天生下來就是被疼愛的，捨得花錢在你身上的男人，他愛妳的心意才是真的。

愛情和富有與否無絕對關係，

但是，女人天生下來就是被疼愛的，

捨得花錢在你身上的男人，

他愛妳的心意才是真的。

02

零交流的冷漠，比出軌更嚴重

對她來說，最不能忍受的就是生活在無愛的婚姻裡，
這樣的婚姻讓她窒息。

二十歲以後，驀然發現身邊掀起了一股離婚潮。每過一陣子，總有某個熟人或朋友離婚的消息傳來。離婚的理由千奇百怪，有因為一方出軌的，有因為婆媳不和的，有因為兩地分居的。我聽過最離奇的理由是，男方口味清淡，女方卻喜歡吃辣，彼此不肯遷就，最終鬧得一拍兩散。

聚會時，有朋友笑稱要組織一個離婚人士俱樂部。他掰著手指數了數，發現真要舉行個俱樂部的話，坐下來足足有整整一桌人，打麻將都能湊兩桌。儘管如此，當聽到琳姐也離婚了時，老朋友們還是嚇了一跳。

琳姐是我學姐，她的婚姻曾一度被奉為朋友圈中的典範。她和先生是相親認識的，琳姐美麗溫柔，男方大方穩重，雙方都很滿意。當時琳姐還在讀研究所，她先生已經在家族企業裡擔任要職，經常開著賓士車來學校接她。婚禮是在男方家的城郊別墅裡舉行，穿著訂製婚紗的琳姐美若天仙，讓一眾姐妹們豔羨不已。婚後，男方負責掙錢養家，琳姐負責貌美如花。

為了更妥善地照顧家庭，她在夫家安排下進了一個很清閒的單位。結婚一年後就生了一個可愛的男孩，之後更是全副身心都放在家裡。在外人看來，她先生待她也是不薄的，至少琳姐身上穿的戴的，都是價值不菲的名牌貨。

世人眼中的幸福婚姻就是如此吧！男主外，女主內，有車有房，穩定幸福。只是每次朋友間相聚，琳姐常常是一個人帶著孩子來，問起她先生總說在忙。朋友們也能理解，畢竟人家是大主管，忙一點也是理所當然的嘛。孩子小的時候，琳姐甚至很少應約，總說要留在家裡照顧小孩。偶爾出現在大家面前，打扮得總是光鮮，但人卻越來越見消瘦。

這樣的婚姻，在大家看來儘管不是十全十美，但也稱得上美滿了。沒想到在孩子五歲時，他們卻選擇分開，聽說男方極力挽留，琳姐卻執意要離婚。

這到底是為什麼？好事的朋友紛紛猜測原因：是他在外面有人了嗎？還是他整日吃喝嫖賭？抑或是他有家暴行為，導致琳姐忍無可忍？對於這些猜測，琳姐溫柔地搖頭否認，不是出軌，不是家暴，更不是濫賭。

朋友們再三追問，她終於開口說：「你們覺得我很幸福，但其實這麼多年來，我擁有的不過是一個婚姻的空殼。」

聽了她的講述，我們才知道她表面的美滿下，埋藏著多少落寞和無奈。琳姐的婚姻維持了六年。六年中，她先生基本上天天在外忙，不是忙著工作，就是忙著應酬，一個月難得有幾個晚上在家吃飯。偶爾回家早，就是躺在床上睡大覺，連陪她出去散步的興趣都沒有。

「也怪我，談戀愛那時就覺得他沒什麼熱情，但覺得條件蠻好，挑不出毛病，想著以後結婚了總會培養出感情。沒孩子時還不覺得，有孩子之後我真是覺得日子越過越孤單。孩子都已經五歲了，他爸爸還從來沒有帶他去過一次公園，沒為他講過一次故事，有時我覺得孩子就和生活在單親家庭沒什麼區別。」用琳姐的話來說，對於小孩的養育，她先生除了貢獻精子，就沒有別的了。

但要說琳姐的老公不顧家吧，他並沒有有錢人常見的養小三之類的惡習，賺了錢也是就往家裡拿，讓老婆孩子吃好的、穿好的、住好的。他覺得這樣已經盡到了一個男人在婚姻中該盡的義務，所以當琳姐提出離婚時，他感到錯愕，搞不清自己錯在哪裡。

兩人還在協商離婚期間，琳姐就迫不及待帶著孩子搬離那座城郊別墅。在她眼裡，那只是一所空蕩蕩、冷冰冰的大房子，沒有一絲一毫家的溫暖，所以毫不留戀。除了要孩子，她對家產並沒有過多的要求。

就這麼分開了，有沒有考慮過回頭？

有離過婚的過來人提醒琳姐說：妳一個女人獨自帶著孩子，未來的生活也許會遭遇很多風險。況且妳先生只是不太體貼，並沒有犯什麼不得了的錯誤，並不是人品有問題，是不是再考慮一下呢？

「他不是人品有問題，他只是愛無能。」經歷了那些內心的波濤起伏後，琳姐的語氣變得很平靜。她說，也許在很多人眼裡，他並沒有犯什麼大錯，但對她來說，最不能忍受的就是生活在無愛的婚姻裡，這樣的婚姻讓她窒息。

和很多女人所介意的對方出軌、不顧家等理由相比，她覺得長期零交流的冷漠與情感缺席，才是婚姻中最致命的。「我給過他很多次機會，可是他永遠不知道問題出在哪裡，所以我選擇了離開。」琳姐說，她嫁給一個男人是希望收穫溫暖和愛，那是多少金錢也無法取代的。

很多朋友都為琳姐的離婚感到可惜，並感嘆說以後再也不相信愛情。但我卻恰恰相反，正是她勇於擺脫無愛婚姻的果敢和堅決，讓我更加相信愛情。

與老一輩相比，八〇後、九〇後離婚的機率往往更高，理由也更多樣化。在我們的父母那一代，如果不是婚姻中有一方犯了所謂原則性的錯誤，比如找小三、家暴之類，他們是不會選擇離婚的。特別是對更長一輩的女性來說，很多女性嫁人並不是衝著愛而去，而是衝著穩定而去。應證了中國俗語：嫁漢嫁漢，穿衣吃飯。意思是女人找到男人後就可以吃穿不愁了。

女人找男人就等於找了一張長期飯票。有些女人可能經濟上完全可以自立，情感上卻仍然需要婚姻的庇護。

有多少女人和琳姐一樣，生活在一個隱性的單親家庭裡，獨自承擔著照顧孩子和家庭的重任，長此以往，只有慢慢凋謝了。

相對而言，新生代的女人們普遍更獨立，不管是在經濟上還是情感上，婚姻對於她們的意義，不再是雪中送炭，而是錦上添花。也許在媽媽那輩的人來看，愛情在婚姻裡只不過是奢侈品，有的話自然更好，沒有也沒關係。但在琳姐這樣的新生代女性眼中，愛情在婚姻裡已經是必需品。她們絕對無法容忍無愛的婚姻，哪怕表面上看起來再光鮮、再穩定。

年輕這一輩日漸高漲的離婚率，總讓老一輩們感嘆人心不古，年輕人的婚姻怎麼變得如此脆弱了。其實反過來想想，這何嘗不是一種進步？年輕人的婚姻不是變得更脆弱，而是他們對婚姻的期待更高了，千千萬萬的琳姐們已經不願意再像媽媽輩那樣將就自己，將就著生活。

曾任洛杉磯副市長的美籍華人陳愉說：「對於我們的母親，還有母親的母親來說，一個有工作、不酗酒、不打老婆的男人，就可以做丈夫了。但對我們來說這可遠遠不夠。我們可不是隨便找個男人就行，我們要他是個好男人。我們要的不是一個出於責任的婚姻，我們要的是愛情。」

令我詫異的是，現今有些年輕女孩卻仍恪守著老一輩的傳統婚姻觀念，認為只要對方不犯原則性的錯誤，即使沒有愛也可以湊合著過下去。對於這些人，我只想問一句：如果愛的缺席都不算原則性錯誤的話，還有什麼能算是呢？

我始終相信，婚姻是兩個相愛的人一起過日子，窮點可以湊合，苦點可以湊合，唯有感情不可以湊合。也許隨著時光飛逝，曾經的激情退去後會逐漸歸於平淡，兩個人之間的親情多過了愛情，但那也是愛的一種方式。需要判別的是，平淡不等於冷淡，當枕邊人讓你感受到孤單的時候，就要思考一下你們的愛還在不在了。

正因如此，那些衝著愛去結婚的人，往往比那些衝著條件去結婚的人，擁有更高品質、更穩定的婚姻。環顧四周，最後鬧離婚鬧得雞飛狗跳的，大多還是後者。

在我看來，維繫婚姻的不是孩子，不是金錢，而是彼此的愛，正如作家馮唐所說：「如果你和那個女人（男人）最初有愛情，哪怕之後，愛情消失得一乾二淨，留下的遺跡也是婚姻穩固的最好基石。」

03

多少人求而不得，最後盡釋然

人生在世，難免會有各種各樣的遺憾，
但是反過來看，遺憾何嘗不是一種美呢？

朋友艾米最近回老家出了一趟差，順便去拜訪多年未見的學長。

那位學長是艾米學生時代的男神，那時候的她，還是又肥又圓的小學妹一枚，身高不到一百六十公分，體重卻超過六十公斤，為了掩飾身材上的缺陷，整天穿得灰撲撲的像隻土撥鼠，臉上還架著副黑框眼鏡，鏡片厚度甚至比玻璃瓶底來得厚。

在那時候的艾米眼裡，身高一百八十八公分、玉樹臨風的學長，簡直就是男神。籃球場上常投出三分球，文藝晚會上演得了話劇，笑起來露出一口整齊的白牙，白得令人想起動漫裡的開朗少年。

艾米念的是師範學院，女多男少，男女比例嚴重失調。學長又是這麼優秀，身邊自然環繞了大把美女，那時候的艾米，連備胎一二三四五都排不上，充其量就是學長的死忠粉絲之一。

從大一開始，就默默待在角落仰望心目中的男神，大學四年下來，連脖子都仰瘦了，也沒有得到任何接近男神的機會。僅僅是在畢業晚會上和男神跳了支舞，還一直回味到如今。

畢業後，艾米南下廣東就業，男神留守老家，從表面上來看，生活再無交集，其實她仍在默默關注著他。

這些年來，艾米的外形和工作能力都越來越出色，甩掉了一身嬰兒肥，做了鐳射矯正視力的手術，職務做到公司的行銷總監，平常穿的用的都是海外購，背GUCCI的包包，穿CHANEL的套裙，舉手投足間盡顯大都會OL風範。戀愛方面，也談過幾次無疾而終的戀愛，雖然還沒結婚，身邊仍不乏優質追求者。

所以這次艾米有機會去和男神見面，可是卯足了勁想讓他後悔的。赴約前費盡心思打扮，就是想讓他看到，當年的土肥圓小學妹，現在出落得多麼水靈美麗。結果，這並不是一個逆襲成功的勵志故事。

從老家回來後，艾米悻悻地告訴我們，她去學長家裡吃飯，人家也誇她漂亮，也稱讚她能幹，但那都只是客套，心裡眼裡還是只有他老婆一個人，吃飯時很自然地夾菜給老婆，看向老婆的眼裡都是愛意。

「他老婆是全職主婦，腰比我粗一倍，身上穿的衣服看上去都好幾年了，為什麼他會喜歡這樣一個女人呢？」艾米心裡很是不平。

艾米的不平讓我們啞然失笑，該如何才能讓她知道，哪怕她再漂亮一百倍，能幹一千倍，也許現實的遭遇也不會改變呢！

佛說人生有七苦：生、老、病、死、愛別離、怨憎會、求不得，生而為人，就逃不脫這種種苦痛。七苦之中，尤以「求不得」最困擾人心。不管你是英雄美人，還是凡夫俗子，活在世上幾十年，難免會碰到求而不得、愛而無望的狀況。

才華橫溢如金庸，一生可說是要風得風要雨得雨，左手辦《明報》，右手寫武俠，事業功名兩得意，但在感情上卻深深受困於求不得之苦。金庸最傾心的女性是明星夏夢，可惜兩人相遇時，夏夢早已是名花有主，襄王有情，神女無意。

為了夏夢，金庸特意加盟她所在的長城電影公司，甘心做一名小編劇，只為了能偶爾見佳人一面，他筆下的黃蓉、小龍女，據說都有夏夢的影子。這份痴戀持續了很長時間，直至夏夢移民加拿大，金庸仍以大篇幅在《明報》上詳細報導，依依別情，不同尋常。

芳華絕代如梅豔芳，從備受欺凌的底層歌女，一路奮鬥到萬人仰慕的一代歌后，彷若香港這個特別行政區變遷的縮影，她本人也被視為香港夢的代表，曾被譽為「香港的女兒」。

就是這樣一個人前風光的女子，終身都生活在想嫁而未能嫁的渴望之中，遇到的男人那麼多，卻沒辦法一起共白頭。她曾經對媒體宣稱，自己斥千萬巨資買了首飾，只為了能在嫁人時佩戴。但那時她已身染重病，不久之後就溘然長逝，終其一生都未圓嫁人之夢。

你看，不管你權傾天下，還是豔冠群芳，似乎都逃不脫求不得的宿命。李煜只想做個風流詞人，奈何卻做了薄命帝王；詩仙李白看似瀟灑如風的外表下，掩藏的是對蓋世功名求而不得的無奈；清代著名詞人貴公子納蘭容若，什麼都不缺卻始終都不快樂，他肯定也有他的求不得。

人為什麼會深受求不得之苦呢？往往是因為人們通常太貪心，放不下，看不破，捨不得，欲望多得沒完沒了，既得隴，又望蜀，擁有的不知道珍惜，得不到的永遠在渴望。求名、求利、求愛、求欲，如此循環反復，一生都會受困於欲望。

事實上，求不得才是人生常態，人生在世，難免會有各種各樣的遺憾，但是反過來看，遺憾何嘗不是一種美呢？多少困擾過我們的求不得，最後都成了缺憾美。

因為對夏夢求而不得，所以金庸喜歡在小說中描繪此類情感，如令狐沖對小師妹，是求不得；余魚同對駱冰，也是求不得；郭襄對楊過，更是求不得。求不得成就了金庸小說中最動人的愛情。

連知名作家三毛都說：「金庸小說的特殊之處，就在於它寫出一個人類至今仍捉摸不透的、既可讓人上天堂又可讓人下地獄的情字。而不瞭解金庸與夏夢的這一段情，就不會讀懂他在小說中情緣的描寫。」我們為什麼會被這類感情深深打動？可能就是因為我們心中都深埋著自己求不得的那個人吧。

在金庸的《書劍恩仇錄》中，一心苦戀駱冰的余魚同聽到了一句唱詞，「你既無心我便休」，終於決定放棄。在《笑傲江湖》中，令狐沖雖還掛念著小師妹，最終還是選擇了深愛自己的任盈盈。書中人的選擇也許無意中洩露了金庸的心聲：既然萬般求不得，何必苦苦再強求。

因為對婚姻求而不得，所以梅豔芳將滿腔情思都放在歌聲中，沒有受過她那樣的淒涼冷清，就沒有〈似是故人來〉、〈女人花〉這些唱盡寂寞女人心的歌曲了。情路上的不幸，反而成就了她藝術上的深度，這何嘗不是另一種幸運？

在告別演唱會的最後一幕，她身披白色婚紗，聲稱要把自己嫁給深愛的舞臺。這時候，她與許多多少少已經釋然了吧，儘管這釋然中還含著絲絲苦澀和無奈。不能嫁給相愛的男人，還能嫁給心愛的舞臺，她這一生的精彩程度並不遜色於婚姻幸福的女人。

這樣的人生有缺憾嗎？當然有。但誰的人生沒有缺憾呢？

人生就是一個不斷放下和接受的過程。放下欲望，放下我執，接受遺憾，接受求而不得。

生活中有個求不得的人，有些求不得的東西，未嘗不是一件好事，至少可以給我們留下做夢的空間。如果想要的全部都擁有，迎來的也許只是幻滅。想想看，如果艾米真的和學長生活在一起了，還會繼續拿他當男神嗎？以她後來的眼界，也許會發現他甘於現狀不思進取，和她根本就不是一路人。

哲學家叔本華早就說過，「生命是一團欲望，欲望不滿足便痛苦，滿足便無聊，人生就在痛苦與無聊中搖擺。」與其滿足後心生厭倦，不如讓自己保留一份遺憾，在夜深人靜時，靜靜懷念那個求之不得的人吧。

梅豔芳在歌裡唱：「但凡未得到，但凡已失去，總是最登對」。唱歌的人太執迷，聽歌的人不妨看破一些，那些已失去的，不必再懷念；那些未得到的，最後都釋然。這就是佛家所說的放下吧。

04

世界那麼忙，沒空針對你

用一身戾氣來武裝自己，躲在滿身的刺下，
卻不知道這樣既刺傷別人，也消耗了自己。

專欄作家王路曾寫過一篇小有名氣的文章，叫作〈戾氣縱橫的文章該是什麼樣〉。我不知道戾氣縱橫的文章到底是什麼樣的，卻深深瞭解戾氣縱橫的女孩是什麼樣子。

我曾認識一個女孩，也算是有些才氣，在各大報刊上發表過不少文章，為人高傲，誰都瞧不上，快三十歲了還沒嫁人。在十八線小城鎮[1]裡，這樣的女孩難免會招致一些流言蜚語。

久而久之，這女孩變得過度敏感，總覺得周圍的人都對她充滿敵意。同事們在一起說說笑笑，見她板著一張臉走過來，就會訕訕地散開了，於是她有一萬個理由懷疑同事是在背後說她壞話；熱心親友給她介紹相親對象，之前吹得天花亂墜，她去了見對方挺著個大肚腩，還有些禿頭，就覺得親友純粹是想藉此來侮辱她；她把發表過的文章貼到網站上，偶爾有網友留下惡評，她立馬聯想到，這可能是故鄉某個看她不順眼的人來故意攻擊她的。

剛開始，我還幫她分析：「到底是誰看你不順眼？」她想也沒想就回答：「所有人都看我不順眼！」隔著十萬八千里，也能感受到她的滿身戾氣瞬間將我包

1 十八線小城鎮：指相對於一線城市的自嘲性稱呼。

圍。

在她的描述中，小城鎮的人狹隘、自私、短視、八卦，人人都想打出頭鳥，毫無疑問，她就是那隻出頭鳥。她最想做的事就是離開那汙泥潭一樣的小城市，再留在那裡，不是悶死，就是憋死。我鑾贊成她的想法，有句話說得好，和惡龍纏鬥久了，自身也會變成惡龍。小城人既然這樣愛傳播是非，還是趁早離開的好。

過了一陣子，這女孩真的離開了，放棄了穩定的工作，放棄了優渥的待遇，奮不顧身地投入到大城市，在三十歲這年成功地加入「漂」一族。天高任鳥飛，海闊憑魚躍。我猜想，這下她應該能夠大展拳腳，抒發胸中抑鬱不平之氣了吧。

起初的確是這樣，但沒過多久，她對大城市的生活就從讚美變成了抱怨。她開始抱怨大城市的人冷漠、虛榮、勢利、排外，瞧不起小地方來的人。

「小地方的人怎麼啦？小地方的人淳樸、友愛、熱情，他們瞧不上我，我還瞧不上他們呢！」女孩越說越義憤填膺，渾然忘了幾個月前她還視小地方的人如寇讎，轉眼間又成了小地方的代言人。

於是我不知道再和她說什麼好，在我看來，這女孩總是習慣性地把身邊所有人都當成假想敵，從小地方來到大城市，只是假想敵換了一批人，她設想全世界都在對她散播敵意的心態並沒有變。

一點點小事都可以在她眼中放大無限倍，例如說飯局上大家相談甚歡，卻沒人招呼她；比如說她辛辛苦苦寫了一本書稿，卻找不到出版社願意出版。這些都成了「大城市人勢利排外」的佐證，她根本顧不上自省。大家不理會她，很可能只是無話可說；書稿出版不了，除了人脈不夠外，最大的原因還是寫作品質無法過關。但她可不理會這些，而是把自己弄得像隻刺蝟，用一身戾氣來武裝自己，躲在滿身的刺下，卻不知道這樣既刺傷別人，也消耗了自己。

這個女孩的例子或許有點極端，但卻並不是一個特例。可能是現代的社會生活節奏太快，壓力太大，導致越來越多人陷入「全世界都在與我為敵」的假想中，設想所有人都在針對她，想方設法迫害她：在公司混得不好，那是因為高層們都針對我，同事們都妒忌我；在一個地方生活得不開心，那是因為那裡的人都愚昧無知，眾人皆醉我獨醒，如何能不成為眾矢之的；一失戀就覺得全世界沒有一個好男人（好女人）；一失業，就覺得全世界的老闆都是天下烏鴉一般黑；一失意，就覺得全世界的人都虧待自己……。如果把自己放到全世界的對立面，就會一身暴戾之氣，變得難以相處。究其原因，是你把自己想像得太重要了，重要得以為自己就是世界中心，以為自己才華蓋世，美貌無敵，惹得「世人皆欲殺之」。這類人往往具有自棄的特質，沉醉於被世界放逐的悲情中不可自拔，痛並快樂著。

可事實上，你沒那麼重要，大家也沒那麼無聊。你身上發生的九十九%的事，都和別人沒有半分關係。你所以為的經歷過驚天動地的大事，頂多成為別人茶餘飯後消遣的八卦，談個三、五天就厭倦了。作家楊絳不早就說過了：「世界是自己的，與他人無關。」

世界那麼忙，除了極特別閒得無聊的人之外，絕大多數人都沒空來專門針對你。要知道，針對一個人是要花力氣的，處心積慮迫害一個人更是要花大力氣，靜下心來想想看，你值得別人花那麼大力氣嗎？

人活在世上，誰都會碰到幾個大爛人，誰都難免遭遇一些白眼冷遇，但請不要把這些個別情況誇大成漫天的敵意。如果你不想被深藏於世間的那些黑洞吞沒，那就竭盡全力發出光芒來，而不是將自己也變成黑洞的一部分。

你把世界設想成假想敵，世界其實是無動於衷的，累的是你自己，損耗的也是你自己。你想被他人溫柔善待，首先得給他人善意，心中有戾氣的人總是會讓人望而生畏，長此以往，你真的會變成世界的棄兒。

有一本叫《諸病源候論》的書提到戾氣時如此說：「人感乖戾之氣而生病，則病氣轉相染易，乃至滅門。」殺敵一千，自損八百。戾氣是一件殺傷力如此大的武器，我們還是學學金庸筆下的韋小寶，「化戾氣為糍糊」（化戾氣為祥和）吧！

05

縱然人生苦短，別忘了往裡加一點甜

我們要學的是和命運心平氣和地共處，接受它賜予的殘酷，也享受它給予的美好。

看過作家方慧的一篇小說《失樂人》，講述一個女孩因為同胞姐妹的去世，強迫自己長時間沉浸在痛苦裡，每當快樂探頭探腦，就會因洶湧而至的愧疚而飽受折磨。這個故事對我的觸動太大了，瞭解「失樂人」這個概念後，腦海中忽然浮現一幅群像圖：他們眉頭緊鎖、鬱鬱寡歡，因為各種各樣的原因，讓自己從此和快樂絕了緣。

我曾認識一個男人，從小生活在單親家庭，和媽媽的感情十分好，媽媽也把他照顧得無微不至，傾盡心血來培養他。他長大後很優秀，升職加薪、娶妻生子都很順利，還買了一套大房子，把媽媽接到城市裡住，準備讓她享享清福。誰料飛來橫禍，媽媽來了沒多久，就因為一場車禍去世了。從那以後，他的世界完全坍塌了。以前那麼意氣風發的一個人，瞬間變得萎靡頹喪，陷入無休止的內疚和追憶中。

朋友們誰勸慰他，他就像祥林嫂[1]附體一樣喃喃自語：「都怪我，要不是我把媽媽接到城裡來，她就不會發生車禍了。」老婆見他日漸消瘦，精心為他煲了湯。他一喝，皺眉嫌棄地抱怨：「火候不夠，還是我媽媽熬的湯好喝。」

1 祥林嫂：魯迅短篇小說《祝福》中的角色。

媽媽走了，帶走了他所有的歡樂。就算是距離事發已過去一年多，他還是沉浸在巨大的悲痛裡。媽媽的猝然離世在他心裡投射下一塊巨大的陰影，讓他騰不出其他空間來吸收陽光。他活在一個沒有陽光的世界裡，一個人反反覆覆地咀嚼著自己的悲痛，無視身邊人的感受。

作為朋友，我們曾經勸他走出來，他警惕地看我們一眼，沉痛地說：「古人父母去世，要守孝三年，我都還沒滿三年呢。」看他傷心欲絕的樣子，我們真不忍心點破他，真要持續三年的話，最後怕是要妻離子散了。

我曾因工作去採訪過一個本市「最美母親」，她兒子患有輕微的多動症及學習障礙症。為了照顧兒子，她毅然決然辭去了企業高階主管的工作，去學校陪兒子讀書。在她的嚴格要求和輔助下，兒子在學習方面有很大的進步，有一次在小發明比賽中還得了獎。

「三年了，我全心全意帶他整整三年了。三年內我沒有逛過一次街，沒有和朋友吃過一次飯，衣服都是等孩子睡著了，在淘寶上隨便買的。」採訪中，說起這三年來的辛酸，她的眼裡泛起了點點淚光。

同樣身為母親，我提議說：「是不是可以嘗試一下，偶爾讓孩子的爸爸或者爺爺奶奶照顧一下，妳稍微出去放鬆放鬆呢？」她堅決地搖了搖頭：「不行，只有我最瞭解孩子，交給他們我不放心。」這是個偉大的母親，但她一點也不快樂。

在那個長達數小時的採訪過程中，她始終眉頭緊蹙，從頭至尾都沒有笑過。問她覺不覺得苦，她給了我一個仁波切式的答案：「妹妹，要是妳有我這麼一個兒子，就會發現苦才是人生，我已經沒有資格去享受快樂了。」也許是受她的影響，她不到十歲的小孩，被管束得過分嚴厲，臉上的神情也失去了一個孩子應有的輕鬆愉快。我知道這個母親的做法無可厚非，畢竟，她為孩子做了那麼多的犧牲，我只是心痛她的人生太過沉重。

但在我的採訪生涯中，她並不是最不幸的，卻絕對是最悲情的。我記得在康復中心採訪過一個腦癱兒的母親，她把自己和女兒都打扮得漂漂亮亮的，總是笑咪咪的，常常掛在嘴邊的一句話就是：「已經這樣了，該買的衣服還是要買，該笑還是得笑吧。」

天地不仁，以萬物為芻狗。活到三十多歲，越來越感到，人生對絕大多數人來說，都不是一件那麼容易的事。就像作家黃佟佟說的那樣，每個成年人都是劫後餘生。有太多的事讓我們陷入絕望：親人離世、突患重病、中年破產、離婚失業，這些突如其來的不幸，總會讓一些人從此淪為失樂人。

有時候想，為什麼我們身邊會不乏失樂人的存在？除了他們生性脆弱固執之外，更多是因為周圍環境的影響吧。如果你的親人離世不久，如果你家裡有個患病的孩子，如果稍微表現得不那麼悲痛，可能就會被旁人看成出格，甚至上升到道德譴責的高度。所以法國作家左拉筆下那個在母親葬禮上沒有哭泣的男人，才會被推想為殺人犯。

面對不幸，不少人推崇「逆來順受」的態度，我怎麼覺得，這四個字聽上去給人一種「人為刀俎，我為魚肉」的感受呢？與逆來順受相比，我更偏愛隨遇而安，不管幸與不幸，都已經發生了，我們要盡量做到坦然接受。逆來順受是苦的，隨遇而安則是平靜的。

當你不再沉溺於個人的痛苦，把眼光放得遠一點、寬一點，就會發現每個人都有不幸的境遇，你所經歷的那些不幸，只是幫助你成為更強的人。不同的是，有些人死於心碎，有些人卻在心碎中重生。

文革中，著名的文學家沈從文被學生出賣、被親友疏遠、打掃過女廁，還被下放到偏僻的鄉下。夠不幸了吧？他卻在鄉下寫信給後輩黃永玉說：「這裡的荷花真好，你若來……」

漫畫家熊頓不到三十歲就罹患了重病，儘管堅強面對，病情卻一再惡化。她躺在病床上，仍然為有美劇《陰屍路》可看而雀躍不已；化療那麼痛苦，她卻樂觀地表示：「生活給予我的，不管是幸運還是坎坷，是快樂還是痛苦，是喜是憂是笑是哭……，這所有情緒與經歷通通可以成為付諸筆尖的素材。」病情越來越重，她卻仍然不忘欣賞為自己治療的帥哥醫生……。

沈從文也好，熊頓也好，他們有一萬個理由痛哭，哭過後卻仍然不忘去感受身邊的每一處美好、每一點快樂，命運給他們白眼，他們卻努力用微笑去趕走這個世界的陰霾。**人生的確是苦的，但只要這苦難還不足以壓倒你，就不應成為剝奪你快樂的理由。**

每個人的生命都只有一次，為什麼要把有限的生活全沉浸於無盡的悲痛中呢？我不喜歡「和命運抗爭」的說法，我們要學的是和命運心平氣和地共處，接受它賜予的殘酷，也享受它給予的美好。

活在這珍貴的人間，太陽熱烈，水波溫柔，總有一朵花開會讓你心動，總有一首歌曲會給你撫慰。而我們要做的，不過就是承擔該承擔的，追求該追求的，享受該享受的。

電影《終極追殺令》中，小女孩問殺手里昂：「人生總是這麼痛苦嗎？還是只有小時候是這樣？」殺手回答：「一直如此。」

如果有人這麼問我，我會這樣回答：「小女孩，縱然人生是苦的，也別忘了往裡面加一點甜。」

縱然人生是苦的，

也別忘了往裡面加一點甜。

06

就算命運虧待你，也別辜負自己

即使命運和生活虧待了你，你也要做到不辜負、不放棄自己。

女人的堅韌毅力，總能讓她閃閃發亮。

姑姑在她四十一歲這年和人合夥開了一家美容院。其實這是她第N次創業了。自從三十歲那年她和姑父雙雙失業以後，姑姑賣過服裝、開過餐館，甚至遠走貴州開過足浴中心，結果無一例外，都以虧本告終。

人們都說，奸商奸商，無商不奸，像姑姑這麼善良老實的人，做生意實在很難賺得到錢，連她本人也常常自嘲：「我這個人，天生就不是塊做生意的料。」

這樣折騰了幾年後，姑姑欠下了一屁股債。生意最慘澹時，是和人一起開服裝店，店鋪開在新的步行街裡，四個門面連著，看上去氣派得很。但當時姑姑是借了高利貸準備去打翻身仗的，誰知人算不如天算，步行街人氣始終不旺，生意也跟著慘澹。

那年暑假我去看她，偌大的服裝店只有她一個人顧著，為了節省開支，連店員小妹也不請了。午飯時小表妹也在，我突然懂事了，推說不餓，三個人只叫了兩個便當，姑姑還是保持著熱情的天性，一個勁地往我的便當裡夾肉絲，自己光吃青椒。

服裝店沒撐多久還是關門了。姑姑平靜地接受了這個現實，為了還債，更為了一雙兒女，她去了好姐妹開的超市裡打工。

說是售貨員，其實是什麼都得做。超市貨物運來時，姑姑幫著卸貨，有時負責做飯的人回家去了，要幫著料理一大群人的伙食。其實她的本分只是售貨，但姑姑總說：「都是很好的姐妹，能幫個忙就幫個忙，計較那麼多幹嘛。」她的姐妹見了她還是和以往一樣親熱，但工資並沒多給她一點，過年時發給她和員工的紅包也是一視同仁，都是四百塊。

姑姑的腰椎病就是那時候落下病根的，畢竟，像酒水飲料什麼的搬起來著實不輕，三十歲以前，她過的是養尊處優的少奶奶生活，從沒做過這樣的重活。每次卸貨之後，腰都會痠痛好幾天，連胳膊都抬不起來。

為了小表弟上學方便，姑姑一直住在鎮上。她在鎮上沒房子，還是從前的姐妹出於好心，借給她一間房子暫住。我去她住的地方看過，總共一間房，擱著兩張床，吃飯睡覺都在這裡，平常她和姑父帶著小表弟住，表妹回來了也住這，看著未免有幾分心酸。

屋角擺著一個簡易衣櫥，拉開一看，滿滿一衣櫥的衣服裙子，每一件都熨得服服帖帖、掛得整整齊齊。再看看姑姑，小風衣披著，緊身褲穿著，時尚的樣子一絲絲不改，真像是陋室中的一顆明珠。我這才發現，原來自己的心酸完全是自以為是，瞧著以為姑姑落魄了，但她其實過得還是蠻平靜開心的。

再後來，姑姑連生了兩場大病，先後摘除了子宮和闌尾。人看上去憔悴了不少，臉色遠不如年輕時那樣光彩照人了，只是穿著打扮仍然絲毫不鬆懈。我問起她的病，她就撩起衣襟給我看她小腹上的兩道疤，兩道粉紅色的疤痕在她雪白的肚皮上，看上去略有些面目猙獰，我看了眼就轉過頭，她卻開玩笑說：「要是再生個什麼病，醫生都沒地方可以下刀了。」

我們都以為姑姑下半生就會在超市裡做到退休為止，沒想到她拿出這幾年來和姑父打工積攢的辛苦錢，居然又一次投入商海。當然，這次她保守多了，只是和朋友合開美容院，當個小股東，而且兼職店面管理，每月還能拿固定薪水，不至於一虧到底。

美容院這個工作很適合姑姑，因為她從小就愛美，不管處於什麼樣的境地都把自己整理得光鮮亮麗，小鎮上的人一度拿她當時尚標準。

說起來，三十歲以後，命運從來都不曾厚待過她。病痛窮困就像那兩道面目猙獰的疤痕，印在她的身上，可是姑姑從不怨天尤人，也不妄自菲薄，而是帶著那兩道疤痕坦然地、面帶微笑地活下去。

最近姑姑加了我的微信[1]，她僅僅初中學歷，用起微信來卻絲毫不生疏，經常在朋友圈裡上傳一些美容、養生的內容，想起在老家美容院裡溫言細語為顧客服務的姑姑，時常會想起她勸我的話：「媚媚，人這一生啊，說長不長，說短不短，別計較那麼多，什麼事情都要想開點，吃點虧不用放在心上。」

姑姑已經四十一歲了，但在我心中依然美麗。姑姑的故事常常讓我想起《傾城之戀》中的白流蘇說：「你們以為我完了，我還早著呢。」

2

我還想說說另一個朋友阿施的故事。阿施是我在採訪中認識的，道地的廣東本地人。一個貨真價實的漂亮女子，身材高挑而且長相秀麗，我生完孩子後，她來家裡探望我，走後我媽再三質疑：「你確定她真的是廣東人？」在我媽心目中，廣東人長相有返祖傾向[2]，她完全想像不到道地廣東人居然有這樣的美

1
微信：一款即時通訊軟體。
2
返祖：指已退化的某種遺傳現象又突然出現。

女。

通常美人們都容易仗著美貌而稍微驕傲任性些，但阿施卻完全不是這樣，她說起話來總是輕聲細語的，配上動人的微笑，讓人有如沐春風的感受。我老公和她接觸不過兩三次，每次都感嘆說，想不到天下還有如此溫柔的女子。

阿施可以說是天之驕女。出生在小康之家，父親是醫生，大學畢業後就順利考上了公務員，又嫁了一個疼愛她而且前程似錦的老公。這樣的生活，順風順水得足以令廣大女性妒忌，但我承認，儘管阿施平易近人，我還是覺得和她之間頗有距離感，因為境遇相差實在太遠。

我採訪阿施的時候，正是她人生的巔峰期。那年是虎年，她的本命年，正好我們要找十對屬虎的新郎新娘採訪，阿施就是這十位新娘中的一位。當時她向我描述新婚燕爾的生活，言語間不時流露出初為人妻的甜蜜。我記得她發給我的照片：穿著白色的婚紗，赤足踩在海灘上，對著老公一臉燦爛的笑，她的身後是碧藍的大海。

長久以來，阿施給我的印象就像這張照片一樣，美得不染人間煙火。我有時想，天使落入了凡間，或許就是她這個樣子。

直到我也做了母親，我倆比以前親近了些，有次吃飯時聊起家庭，她忽然問我：「妳知道我家裡的事吧？」我茫然地搖了搖頭。阿施想了想終於開口：「我老公出了場嚴重的車禍。」我更茫然了。

變故發生在一年前，那時阿施剛生了寶寶不久，孩子還只有兩個月大，老公因疲勞駕駛出了車禍，車撞得完全變形，人也撞得七零八碎。老公在加護病房裡住了小半年，這期間阿施的母親又剛好檢查出罹患癌症，父親要上班，家裡裡外外都是阿施一個人在忙，懷裡還有個嗷嗷待哺的小娃娃。讓人痛心的是，婆婆不但不幫她，還指責她沒照顧好先生。

再難熬的日子也會挺過去，等到阿施向我訴說這件事時，事情已經過去了一年，老公雖然還在住院，正在緩慢康復中，至少不用拐杖還可以自己走一段路了。阿施母親的病情控制著沒有惡化，生活也還能夠自理，寶寶也逐漸長大了。「我都不知道自己是怎麼熬過來的。」說到這些，阿施眼眶有些泛紅，但很快又恢復了微笑。她說，最艱難的時候也曾想過要放棄，但那些日子裡，兒子就是她唯一的光。

我看著面前的阿施，她一直都是這麼優雅而溫柔，我根本無法想像，在她身上居然曾經發生過這麼大的不幸。我和她認識以來，似乎一直都是她在關心我，工作上有什麼煩惱、採訪時想要找本地人，都是找她幫忙。在過去的一年裡，這種狀況也沒有什麼變化，每次我在QQ[3]上和她說話，她都是鉅細靡遺地一一解答。

在她的QQ空間裡，我常常看她曬一些旅行、聚會的照片，照片中阿施看上去總開開心心的，只是比以前消瘦些，我何曾想到，原來她產後暴瘦的背後，居然是發生了這樣的變故。

長久以來，阿施就像一個小太陽，向身邊的人散發著光和熱，這些人當中就包括我，但我居然沒察覺到，小太陽的內心也曾經面臨如此大的困境。

「其實也沒什麼啦，也許是老天以前對我太好了，所以決定考驗我一下。」阿施說，在過去一年裡，她使出了全身的力氣努力生活，盡力照顧好每一個家人，但每次出門還是堅持把自己打扮得漂漂亮亮的。兒子生日時找攝影師來拍親子照，把全家都安頓好了，還抽空去了一趟泰國，最後她發現，原來一直習慣被人照顧的她，也可以這麼能幹。

說到未來，阿施對老公的徹底康復並不是特別有信心，但她唯一可以確定的

3 QQ：大陸一款多平台即時通訊軟體。

是，不管處於什麼樣的境地，都讓自己的生活保持「正常」的樣子。「如果連我都倒下了，一家人還怎麼支撐下去。」阿施掏出手機讓我看她的親子照，照片上她抱著兒子，兩個人都在笑，比起海灘上的那張照片，她的笑容不再那麼無憂無慮，而是多了一些世故。但我覺得，她現在的美比起以前更有質感了。

之所以會說這兩個故事，是因為我在她們的故事中找到了支撐前行的力量。這些年來，當我感到不開心時，抱怨就成了我的出口。我總是想不明白，憑什麼我這麼努力，卻一直得不到回報？憑什麼人家可以輕鬆自在，我卻要這麼辛苦？憑什麼不公平、不走運的事都要落在我頭上？

我一直認為命運虧待了我，到底是不是這樣呢？答案已經不重要了，當聽完姑姑和阿施的故事就會發現，**即使命運和生活虧待了你，你也要做到不辜負、不放棄自己。**那麼多人在用力生活著，那麼多人背負著傷疤仍然不忘微笑，我如果再不打起精神活下去，又怎麼對得起這天地萬物賜予我的生命。

人是多麼脆弱，每一次苦難都會在我們身上留下難以磨滅的傷痕；人又是多麼堅強，**「那些打不死我的，終使我強大」**。

我們無法選擇命運，我們唯一可以選擇的是，當命運露出猙獰的一面時，仍坦然而無畏地活下去。

07

高手都舉重若輕，低手都用力過猛

努力也要掌握好分寸，用力太甚的話，一不小心就會弄巧成拙。

作為一個以寫字為生的人，每天上午都是我雷打不動的寫稿時間。這天，正對著桌面上的空白文件出神時，一個朋友發給我微信：慕容，妳最近狀態是不是不太好啊？

我是那種死鴨子嘴硬的人，想也沒想就回答：「沒有啊，還好吧。」她發來一個流汗的表情：「但我覺得妳的狀態有點問題。」我心裡咯噔一聲，問她：「何以見得？」她說：「妳最近的文章散發著一股濃濃的焦灼氣息。」

這個朋友原本是我的讀者，後來日漸熟悉而成為朋友，我不得不驚嘆她的觀察細微。我最近的狀態豈止是不太好，簡直是糟透了。

為什麼糟？可能是我給自己的壓力太大了。從辭職那時開始，我就憋著一口氣，整天埋頭寫寫寫，發誓要寫出個規模來。除了寫書之外，我還註冊了一個公眾號，立志要把這個公眾號打造成自己特色的平臺。如今四個月過去了，不僅沒有什麼起色，閱讀量還屢創新低。

我著急上火，忍不住頻頻更新，想以曝光率來換取點擊率。結果事與願違，我更新得越頻繁，閱讀量就越低。有時候精心寫出來的文章，才一千多的點閱率，眼淚忍不住在心裡嘩嘩地流。

為了克服焦慮，我更拼命地寫啊寫，但這種忙碌除了看起來很努力之外，並沒有給我意想之中的回報。有時候寫著寫著我會停下來問：老天啊，難道你看不到我的努力嗎？

過完年後，這種長期以來的慢性焦慮演變成心底的焦灼，我的睡眠品質極差，常睡著睡著半夜就突然驚醒過來，額頭上也是沒完沒了地狂冒痘，雖然我是連青春期都沒長過痘痘的人。我向來手快，以前是下筆千言，倚馬可待，現在卻對著打開的空白文件，遲遲不知從何寫起。

朋友的關心觸動了我的心事，我有點委屈地說：「我已經盡力了。」過了一會兒，朋友發過來一行話：「慕容，妳知道妳的問題在哪裡嗎？妳不是不努力，妳是用力過猛了。妳知道嗎，妳以前文章閱讀起來可讓人放鬆了，嬉笑怒罵皆成文章，現在……。」

其實這個朋友並不是第一個這樣評價我的人，「用力過猛」一直是身邊人對我的共同印象。但以前的我自把這個當誇獎，覺得這樣的活法才算是不負此生。

直到深受其害，才明白過來。

說到用力過猛的危害，我想很多人應該和我一樣不太明白，因為所有心靈雞湯文都在告訴你，你要做個狠角色，要傾其所有去熱愛生活。殊不知，努力也要掌握好分寸，用力太猛的話，一不小心就會弄巧成拙。

環顧身邊，有太多因用力過猛而適得其反的例子。

比如，減肥。但凡有過減肥經驗的人都知道，凡是那種一上來就對自己下狠手的人，減起來快，反彈起來更快。我曾認識一個女孩就是這樣，不知從哪學來的二十一天減肥法，那二十一天內，基本上只吃燙蔬菜、喝白開水。一個週期下來，少說也能瘦個五、六公斤，但過了二十一天，怎樣都擋不住想吃肉、吃甜品的誘惑，沒多久就把自己又吃得滾圓了。

再比如，學習。我發現那種讀起書來恨不得頭懸梁、錐刺股、晚晚都要開夜車的同學，成績往往不會太好；那些迷戀一個月英語口語速成、二十天讀完二十本書的人，往往只有三分鐘熱度。學霸[1]們基本上不開夜車，愛讀書的人從不會想著一天就要讀完一本書。

1 學霸：指擅長學習，成績優異的學生。

還比如說，戀愛。那些情路坎坷的女孩們，往往都是愛起來用力過猛的。民初的大陸才女蕭紅就是如此。我是蕭紅的粉絲，但不得不承認，她在感情上有些過於熾烈。

她不是不愛蕭軍，就是因為太愛他了，所以容不下他對自己一絲一毫的冷淡；因為愛他，所以才拼了命地博取他的尊重。就像一個任性的小孩，不停哭鬧，只為了讓大人多看他一眼。這樣熾烈的愛情就像一場大火，最後遂把兩個人都燒得遍體鱗傷。

用力過猛的人都有一個毛病，就是急於求成。用力過猛的人，往往成不了高手。一是因為太高強度的努力無法持久，結果一曝十寒，變成間歇性努力；二是弦繃得太緊，就容易斷裂。

真正的高手從不用力過猛，他們都是舉重若輕的。

舉重若輕首先是一種能力。一般人遇事就容易驚慌失措，但高手不會，因為他有足夠的底氣。

東晉時的謝安就是一個很好的例子，淝水之戰時，前秦的兵力是東晉的十倍，將士們都很緊張，謝安卻鎮定自若，布置好軍機要務後，就悠哉悠哉地留守在家裡。當晉軍在淝水之戰中大敗前秦的捷報送到時，謝安正在家裡下棋。他看完捷報便放在座位旁，不動聲色地繼續下棋。客人忍不住問他，謝安淡淡地說：「沒什麼，孩子們已經打敗敵人了。」

你可能以為謝安這是在假裝鎮定，但反過來想想，如果他不是事先就把一切都籌謀好了，哪能如此淡定。

舉重若輕是一種態度。我的偶像作家亦舒就是這樣一個舉重若輕的人。很多寫作者都為如何寫出傳世之作而苦惱，亦舒的高明之處在於，她不拿自己的才華當一回事，漫不經心地寫著一個又一個所謂言情文學故事，偶爾露出崢嶸一角。

有些人總替她惋惜，覺得她原本可以寫出更好的作品，但那有什麼關係？人家花了七成力氣寫作，剩下的力氣都好好攢著悠遊度日呢。「做人最要緊的是姿態好看。」亦舒是這麼寫的，也是這麼做的。

舉重若輕也是一種技巧。真正的高手都深諳「四兩撥千斤」之術，他們懂得以己之長，克敵之短，擅長占領大家都輕視甚至忽略的市場。我有個朋友創業過很多次，前面幾次都失敗了，後來他總結經驗認為，那是因為他闖入的領域都高手如雲，很難殺出重圍。之後他轉而投身飲品界，理由是這個領域鮮見高手，結果果然做得風生水起，碾壓了眾多同行。

高手們不是不努力，而是懂得如何高效而聰明地努力。就好比練武功，低手們都在用蠻勁，高手們都在用巧力。低手們總是忙於學各種花拳繡腿，希望能多掌握幾門功夫；高手們則踏踏實實地修煉著內功，一朝功成，飛花摘葉，皆可傷人。

低手們在乎短期目標，總以「我一天做了多少事」沾沾自喜；高手們在乎長期目標，不在於一天做了多少事，而在於每天能堅持做多少事。他花的時間遠遠比你少，他的姿態比你好看，他的效果還比你好得多，這就是高手和低手的區別。

那麼低手如何修煉成高手呢？從低手到高手的人，都要經歷三重境界。

第一重是舉輕若重。分不清重點，眉毛鬍子一把抓，在無關緊要的小事上耗費太多精力；**第二重是舉重若重**。你很想集中精力做好一件事，也費了全力去做，但就是做不好；**第三重則是舉重若輕**。做什麼都如庖丁解牛，遊刃有餘。

處於前兩種境界的人不要著急，人生是場長跑，起跑摔一跤，跑得偏一點都不要緊，現在就開始調整一下跑步速度，換一個舒適的跑步姿勢，瞄準目標，讓我們一起慢慢地朝它跑下去。

07

主動出擊，絕對好過消極等待

消極的等待者永遠都在等風來，
而勇敢的人會不停攀登，主動去捕捉山頂的風。

有一個剛剛從婚姻裡恢復單身的朋友問我：「我還有可能找到一個喜歡又可靠的人嗎？」我回答說：「首先妳得找，光是等待是不可能找到的。」但她卻馬上表示，如果我過於主動尋找的話，那找到的愛情不會不可靠嗎？我一時語塞。這類議題在我和朋友之間討論過不只一次，結果都是沒討論出個所以然，因為我素來主張女孩們要大膽地走出家門，多參加聚會、多認識異性，但我這位朋友一直信奉的，則是「我若盛開，清風自來」的理念，認為只要自己夠好，總有一天會等到那個真心人。

但就我有限的閱歷來看，身邊也不乏很想嫁人的女孩們，卻因為種種原因長期保持著單身狀態，活生生讓紅顏守空枕。是什麼讓這些女孩們與愛情一次次擦肩而過？

起初我以為是社會對於大齡單身女人的偏見，後來才發現，與其說社會給她們設限，不如說是這些大齡女給自己設限了。「妳不要找，妳要等」，就是她們給自己設定的限制之一。這句話是知名作家冰心對後輩鐵凝說的，當時鐵凝大齡未婚，冰心於是對她說了這句話。這本來是長輩出於憐惜對晚輩說的安慰之詞，結果卻被奉為情感上的金科玉律。

於是很多女孩就傻傻地在家等啊等，等著白馬王子從天而降，等著有人來發現她獨一無二的美，等著清風自來情花綻放。

在等待的過程中，她們也會想盡千方百計讓自己變得更好，像我那個朋友就是，她在三十歲之後，把自己活成了一個越來越美的勵志範本。她少女時代有些嬰兒肥，經常穿著寬大的運動服，看上去一點都不出挑。到了三十歲後，忽然有一天覺醒了，拼命節食、瘋狂健身，很快就把自己瘦到了理想體重，配上得體的衣飾和精緻的妝容，認識她的人一個個都大呼脫胎換骨。

工作上她同樣積極上進，是當地一所最好的小學中最優秀的老師，孩子們對她無比貼心，家長尊敬她，同行也欣賞她。

這樣一個出色的好女孩，怎麼就一直單身著呢？莫非男人們都瞎了眼嗎？

其實男人們一點都不瞎，可是再優秀的女孩，若整天待在自己的殼裡，全身都散發著一種拒人於千里之外的氣質，難免會讓人望而生畏。

多少姑娘和我這個朋友一樣，有一顆向上的心，想要的東西都會拼命去爭取，但唯獨從不去爭取愛情，她們只盼望著愛情從天而降，試問哪有這樣的好事！網紅六神磊磊曾經分析過金庸小說《飛狐外傳》中女主角程靈素的性格，說她唯獨在愛情上放棄了進攻。其實不單程靈素如此，有許多蕙質蘭心卻相貌平平的女孩也都容易犯這個錯誤，她們把自己修煉得七巧玲瓏、百毒不侵，卻不敢去追求看上的男人，因為她們本質上都太過自卑，害怕付出真心得不到回報，害怕一旦示好就會被人無情地拒絕。

她們打從心底就不太相信自己是值得被愛的，所以才會奉行「妳不要找，妳要等」的理念，一是出於懶惰，等著天上掉餡餅；二是出於恐懼，害怕承擔風險。但越是相貌平平的女孩，越要學會去爭取自己的愛情。天上即使掉餡餅，砸中的也是最漂亮的女孩，她們可以懶一點，這點平凡女孩羨慕不來。

但是這個爭取，並不一定是要妳去倒追。倒追是一門技術，不是每個女孩都能掌握，但至少可以給自己多創造些結識男人的機會，這樣才有機會能遇到愛情。

可能有人會問，生活圈子這麼窄，到哪裡認識男人？其實只要妳想，方法很多：喜歡健身，就去參加些俱樂部；喜歡爬山，就去加入登山協會；愛好文藝，就多去參加豆瓣同城活動；哪怕喜歡打麻將，也能藉打牌的機會認識一些牌友吧。再不然，還有各種相親網站。

寫到這裡，大概有人會反駁：妳說的都是些什麼方法啊，這樣能認識到可靠的好男人嗎？

不瞞你說，我有幾個朋友都是透過某些網站認識了另一半，人家現在感情也是好著呢。所以真的不用給自己設限，當然，網路上壞人多，防備心一定要有，但別太自我設限。

認識只是男女間交往的第一步，第二步可以篩選對得上眼的人進入約會階段。不少女孩對於和男人約會總特別慎重，其實大可不必，只是約個會而已，又不是訂終身。只有嘗試著和男人約會，才知道自己適合哪種男生。如果有心理負擔的話，一開始就各付各的吧，談不成戀愛，做個一起吃飯的飯友也蠻好。

如果有幸遇到喜歡的人，千萬不要往後退，妳要相信，妳配得上他的好。阻擋你們在一起的最大障礙，不是他的優秀，而是妳的自卑。

約會也好，談戀愛也好，都是一個享受的過程，別太指望一次約會就能牽手成功，也別奢望一次戀愛就能白頭到老。太看重結果的人，往往連開始都害怕，

這樣下去只有錯過。情場如職場，得要輸得起，才會贏得到。

別再叨念著什麼「你若盛開，清風自來」了，真要盛開的話，也得開在一個迎風向陽的地方，若開的地方是個幽閉的密室，開得再美也迎不來清風。

如果真心想嫁人，那就拿出想嫁的勇氣和決心來。與其在家裡幽怨地唱著「我想我會一直孤單」，不如自動出擊。

話說回來，我的意思並不是反對「等待」，但我反對消極的等待。積極的等待是苦心經營後的順其自然，消極的等待則是兩手一攤的不作為。消極的等待者永遠都在等風來，而勇敢的人會不停攀登，主動去捕捉山頂的風。

多一點掌控，就多一點自由，從這個角度來說，**主動尋找永遠比被動等待更自由，愛情如此，人生也是如此。**

只要拿出一半在職場上拼殺的進取心放在愛情上，必將在情場上所向披靡。

Chapter 04

我們的世界雖小，卻都能豐盈自足

01

只要他平凡而快樂地長大

如果樹會説話，一定會替他説出一個父親對兒子的愛意吧。

他。我會認識他，和許多愛看港劇的觀眾一樣，是因為他演過很多部膾炙人口的劇集。他演的那些電視劇雖不算火紅，但是經得起咀嚼。就像他本人，談不上有多帥氣，但也斯文耐看，入行十幾年，逐漸也成了ＴＶＢ（電視廣播有限公司）的經典面孔之一。

還記得他扮演金庸筆下的胡斐[1]，豪放倜儻，俠骨柔情。我是程靈素的粉絲，看書時很不喜歡胡斐，看了他演的胡斐後，忽然明白程姑娘為何願意為這個小子傾其所有了。

後來，他忽然在電視螢幕上消失了。大家都沒太在意，包括喜歡他的觀眾，畢竟如今世道不同了嘛，影視不景氣，聽說電視台都在裁員了，估計他肯定也是撤離娛樂圈了。

沒想到，我居然還有機會見到他，而且是在那樣的場合。他作為主講嘉賓坐在臺上，而我和數百名聽眾一起，坐在臺下聆聽他的故事。

他理著小平頭，穿著非常普通的Ｔ恤、牛仔褲，看上去樣子平凡極了，沒有一點明星味。「我是一個普通的香港人，只不過是做演員。做了十幾年演員，前幾年開始不接戲了，因為我有更重要的事要做。」他看著臺下的聽眾，笑了，「我要陪我兒子，他得了自閉症。」

1 胡斐：金庸小說《雪山飛狐》的主角。

下面，是他和兒子的故事。

二〇〇七年五月，他的兒子出生，取名叫作小樺。他希望孩子能夠像一棵小白樺樹那樣茁壯成長，每片葉子都在陽光下閃閃發光。

他本身是苦孩子出生，很小就出來混江湖，什麼苦都吃過。孩子出世後，他把對自己的高要求放在兒子身上，是個典型的「嚴父」，奉行的是「不打不成材」的育兒理念。

在兒子兩歲之前，他基本上整天都泡在片場，還經營了一家餐廳，偶爾回到家裡，對兒子也特別嚴苛。小樺一歲多時，他和太太發現兒子和其他小孩完全不一樣：同齡小孩都會叫爸爸媽媽了，他連爸爸媽媽是誰都不清楚；同齡小孩都會說話了，他還是整天嘴巴裡咿咿呀呀的，旁人一句也聽不懂；同齡小孩子喜歡玩樂高之類的玩具，他連看也不看，最愛做的就是一個人在家裡跑來跑去。親戚朋友們安慰他說，不要緊，等孩子大點就好了，他們也只好如此安慰自己。

一直拖到兩歲多，還是沒有一點好轉的跡象，家庭醫生診斷後正式告知他們：你兒子得了輕度自閉症。

「有朋友問我聽到這個消息是不是嚇到了，其實不是，因為已經懷疑很久了，只是得到確定的答案而已。」他說，他只用了半天的時間，就接受了「兒子患自閉症」這個事實，「從知道自己的孩子是自閉症，到完全接受這個事實，這段時間最困難。很多家長不願相信事實，知道消息後崩潰不肯接受，這對自己和孩子都是很致命的。」

第二天，他和太太分頭行動，一個上網查資料，一個去買相關的書籍。那時候他根本不知道「自閉症」是怎麼回事，要瞭解兒子，就得先瞭解什麼是自閉症。

當對自閉症有了基本瞭解後，他的第一反應是後悔，之前小樺種種古怪的行為，都能從這找到原因，「原來他（指小樺）不是不聽話，而是做不到，真不該對他那麼嚴厲。」從那一刻開始，他在內心暗自發誓，不會再對兒子有那麼多要求、不做讓兒子反感的事情、不給兒子壓力、給他時間和空間。

那時香港的影視衰落，不少藝人「北上」淘金。作為資深藝人，他也接到不少大陸劇組的高酬金邀約，但他卻推掉所有片約，暫時息影，連經營良善的餐廳也轉讓出去，全天候陪伴兒子。太太也暫停一切工作，全身心地照顧孩子。

快三歲的小樺，連爸爸也不會叫，被醫生宣布除了輕度自閉外，還伴隨中度智障，做什麼事情都很慢，想吃冰棒都不知道怎麼表達。他指著自己的頭說：「我不相信他這裡有問題，他只是暫時關起了那扇門，我們要做的，就是幫他推開那扇門。」

如何才能打開那扇門呢？只有家有自閉症兒童的家長，才知道那有多麼艱難。他和太太所做的第一件事，就是孟母三遷，從熱鬧的市區公寓搬遷到西貢一座郊野公園內的村落，居住在一間尋常的平房內，目的是讓兒子能夠更親近大自然。

從小在鄉下長大的他，稱這種生活為「回歸」，回歸到大自然中，回歸至日出而作、日落而息的生活表，回歸到其樂融融、不離不棄的家庭生活。

也許是這樣的環境夠接地氣，小樺比以前開朗多了，但見了爸爸還是跟見陌生人一樣，一點都不親近。他教兒子認字，兒子不信任他，根本不跟著讀。即便是讀了，讀得也不準確，他糾正發音，兒子就會發脾氣。

為了獲得兒子的信任，每天下午都會帶他出去散步，拉著兒子的小手，一起慢慢往前走。路上無論遇到什麼，他都會停下來向兒子耐心講解：「這是垃圾桶，用來裝垃圾的，喝掉的水瓶啦、不用的塑膠袋啦，都要扔在垃圾桶裡」、「這是紅綠燈，紅燈停、綠燈行，一定要變成綠燈才可以過馬路哦，這樣就不用擔心車子會撞到你」……。

每天走一遍這條路，這樣的話他就重複一遍，不管他說什麼，兒子都低著頭，一聲不吭，他也不知道兒子聽不聽得懂，只是抱著一個堅定的信念：把這些話說上一千遍一萬遍，兒子總會聽懂的吧。後來事實證明了，信念的力量是無窮的。僵局有天終於被打破，得益於西貢住宅旁的一棵樹。

在父子倆爬山的一次過程中，路上一棵樹引起了小樺的注意。「你想去爬這棵樹嗎？」兒子沒有回答，但看得出他的躍躍欲試和害怕。

「別怕，爸爸在下面接著你。」他一次次扶著兒子往樹上爬，小樺好像慢慢開始知道，樹下這個男人對他並沒有惡意。就在這棵樹下，他不厭其煩地扶了兒子數百次，如果樹會說話，一定會替他說出一個父親對兒子的愛意吧。

小樺還是不會叫爸爸，但看向爸爸的眼神漸漸有了依戀，小小的他終於明白，站在樹下的這個男人就是他的支柱，有他在，爬得再高也不用擔心掉下來。

四歲時，小樺終於開口叫爸爸了。為了這一聲「爸爸」，他起碼教了上千遍，

「自閉症是老天給的，做父母的沒辦法改變，但我們能做的是後天努力教導。別的孩子學一遍就會的東西，我們要多花點耐心，教上一百遍、兩百遍，他也能學會。」

建立了一定的情感基礎後，他再次嘗試教小樺念生字。醫生曾經認定小樺有嚴重的認知障礙，一個星期最多能學會一、兩個生字。他不服氣，因為他比醫生更瞭解自己的兒子，他知道小樺記憶力一流。

他一個字一個字教小樺認，一個星期下來，孩子認了二、三十個字，接受能力絲毫不比同齡的孩子差。以前在藝校學習時，頌唱《三字經》、《千字文》是必修課，他教兒子時，自然而然就從《三字經》開始入手。用吟唱的方式，每天教兒子念一小段，結果，兒子五歲時已經會背誦《三字經》全文。

小樺在幼稚園時喜歡跑來跑去，不怎麼聽老師的指揮。他就請人陪讀，並和老師耐心溝通，做到防患於未然，盡可能不影響其他小朋友，他說：「不能讓我家小孩一個人的問題，變成大家的問題。」

小樺七歲時，就讀主流小學。他請了一個「影子老師」全天陪讀，在老師的幫助下，小樺一年級期末考試拿到全年級第一。太太開心地在微博上曬出了孩子的成績表，他也很開心，因為兒子曾經被宣判為中度智障，現在卻取得了優異的成績，他再次指了指自己的頭說：「證明兒子這裡是沒問題的，我們做家長的一定要有信心。」

關於自閉症，有種說法是：「這是一種無法痊癒的疾病，將伴隨終身」，那麼小樺這種情況，算是徹底痊癒了嗎？

「沒有完全正常這回事，但家長也不用太過糾結於這一點，大家都有這樣那樣的問題，能夠正常地生活下去就好了。」他說，即使從外表來看，小樺已經和同齡小孩差不多了，其實還是有一些行為問題，比如他有個毛病是不能正常上廁所，六歲了還需要穿紙尿褲。我們誘導過他，甚至嚇他都不管用。直到他妹妹兩歲的女兒來家裡玩，他用小姑娘可以自如上廁所的例子教導兒子，才慢慢克服了這個毛病。

現在，為了讓兒子更好地融入社會，他們不再請影子老師陪讀，小樺的成績開始有所下降。

「這有什麼關係，兒子已經拿過第一了，就算不能拿第一，只要他開開心心就好了。」他說，對自閉症的孩子來說，成績如何並不重要，重要的是讓他學會「喜歡人」，感覺到和人在一起是好玩的，不會害怕人。

問他對於小樺未來的規劃，他說做什麼都不要緊，哪怕是做一名清潔工人、一個收破爛的，只要他能夠獨立，每天都開開心心的就可以了。

擔不擔心兒子找不到工作？當然也擔心，但他覺得每個人都有弱點，同時也有自己的特長，只要找到了特長就不怕。他自己念國中時連從A到Z的排序都弄不清，後來也做了演員。

息影之後，他漸漸遠離演藝事業，慢慢將重心轉移到寫書、公益等活動上，還帶著兒子拍了一個宣傳自閉症相關知識的公益短片。

有人問他：遠離了聚光燈的生活，會感到遺憾嗎？「怎麼會？兒子是我自己的，目前我也就這一個兒子。自閉症的孩子，錯過六歲以前的治療和教育就晚了。拍戲就是個工作，什麼時候都可以，我從不後悔。」他說，相比做演員，他更喜歡目前做的公益事業。因為可以幫助更多的人，他更喜歡這樣的自己。

聽完他的講座，從不追星的我，走上前去設法和他合影。照片上，他笑得十分開心。

在有關他的一些訪談裡，他強調得最多的就是兩句話，一是「我是個普通的香港人」，二是「只要他（兒子）開開心心就好了」。這個不再是明星的普通香港男子，總令我想到TVB電視劇中的那些經典臺詞：

「做人嘛，最要緊就是開心啦。」

「一家人最要緊是齊齊整整。」

「我只想家裡人齊齊整整吃個飯。」

「所謂吉人自有天相。」

……

聽上去很老土是不是？但最老土的往往是最有生命力的，在TVB跑過龍套，也當過主角的他，用行動詮釋了這種價值觀。從這個角度來看，離開了TVB的他，反而是港劇精神的最佳代言人。他叫陳錦鴻，一個普通但是一點都不平凡的香港人。

02

一輩子，專注做一件事就夠了

人生如同一條河流，流過了險灘急彎，從此靜水流深。

清早起來刷微博，看見才人姐姐曬出了新畫的瓷器，晶瑩細膩的白瓷上，畫著一位風姿綽約的古典女子，她被「鑲嵌」在上了年紀的老窗花中央，有美臨窗，人和景都活了起來。

這女子眉眼間像籠著一層霧，滿身的風露清愁，讓人想起楚辭屈賦中的那些美人。巧的是，才人姐姐居然真的把她命名為「山鬼」，仔細一看，確實給人一種「若有人兮山之阿，既含睇兮又宜笑」的感覺。

我心目中的才人姐姐也是這種形象，如同從古代穿越過來的女子。即使生在浮躁喧囂的現代社會，她仍然選擇固守自己的生活方式，住在遠離鬧市的郊外，清晨即起，讀書、寫作、做手工、練簪花小楷[1]、畫訂製瓷器。梔子開時畫梔子；紫薇開時，在四季流轉中細數光陰，生活在自然之中。

才人是她的網名，認識她的時候還是論壇最火紅時，我們都喜歡混跡天涯論壇[2]。在天涯的人文首頁，常常可以見到一個叫作「武才人」的ID所發的帖子，文字清清淡淡的，很雅致，又毫無矯揉造作之氣，渾然天成，彷彿還帶著舊時光的氣息。

我喜歡看她寫的說唐系列。她坦率地表示，要是穿越回盛唐，她肯定不會對李白「感冒」，因為他「三百六十日，日日醉如泥」，守著一個終日爛醉的傢

1
簪花小楷：晉代著名書法家衛夫人最有名的字帖《名姬帖》，因字體線條清秀，又被人稱為簪花小楷。

2
混跡天涯論壇：源於天涯社區，此為中國大陸一網路社區，提供論壇、影音、虛擬交易等多種服務。

伙，人生怕是也沒什麼樂趣。她只想做王維的粉絲，在她眼裡，王維的詩和人一樣，都有著一種無法用言語表達的溫柔，她願做他身邊那個總是沉默著微笑的女子，為他用山泉水煮茶，為他遍插茱萸，聽他獨坐幽篁裡，彈琴復長嘯。

很喜歡她文字中透出的淡淡的煙火味和濃濃的溫情，她像一個相交多年的好友，絮絮地向你展示內心的柔軟一角，鍾情的電影、看過的好書、欣賞的同性等一一道來。她誠實地說自己是個迷戀物質的人，聽她饒有興趣地介紹美食、華服以及其他多好事物，不禁讓人驚嘆，一個人要內心如何豐饒，才能對生命抱著如此不知疲倦的熱愛？

一讀傾心之下，忍不住請求加為好友，她爽快地通過了。

這才知道，原來她和我一樣是湖南人，身上也有著湘女多有的爽快和直率，難得的是，她還有著湘女少有的婉約和溫柔。

因為鍾情古典文化，所以她給自己取了一個「武才人」的網名。和歷史上那個積極進取，從才人一直做到女皇的武則天不同，她一直甘於只做個「才人」，喜歡收集小美好，享受每一點「小確幸」，並無奮力爭上游的野心。

看過她的照片，著實驚豔了一把。照片上的她留著齊肩長髮，一張古典的鵝蛋臉，秀眉彎彎，杏眼含情，眼波婉轉，宛若從《紅樓夢》裡走出來的女子。這樣的長相，實在是老天賞飯吃。依賴上天所賜的美貌，她確實有過一段光鮮的浮華歲月。從學校畢業後，做過一段時間的電臺主持人，在長沙也算是小有名氣。湖南衛視的主持人王燕是她的好閨密，我快畢業那時，一時發愁找不到工作，才人姐姐聞訊，還熱心地介紹我去王燕主持的一檔節目做記者，雖然後來沒有去，還是很感激她待朋友的一片赤誠。

現在紅得發紫的知名主持人汪涵，也是她的同學兼老友。她對這些知交並不刻意避諱，更不刻意提起。她稱汪涵為「汪公子」，曾在微博上說起，有次在汪公子的書屋讀鳳龍的章集，有一枚閒章名為「持蓮相贈」，頗有清香之美。另外還有一句「移楊蘭前梅下」是汪公子的原創，也非常好。

和才人姐姐相熟時，她已淡出了長沙的娛樂界。用她的話來說，她有輕微的社交障礙，站在人群中就渾身不自在。與對著一群人說話相比，她更願意退回到自己的書齋，做一個以寫字謀生的人。

這個階段的她是一家女性報紙的主編，兼職在長沙各大報刊上寫專欄，用的不是武才人的網名，而是她的本名。她的本名實在是一個妖嬈的名字，比武才人妖嬈多了。後來專欄文章結集出書，汪公子還誠意推薦過。書名《懷春不遇》，名字實在有趣。

本來想著她這下可能要朝著美女作家的道路狂奔了，但沒過多久，我發現她已轉型做了手藝人。她專注於畫瓷，偶爾也接一些小手工活，如木簪、屏風之類。提及為何改行，她在《畫瓷人的自白書》裡說：「前半生渾渾噩噩的時間居多。而今越來越清明。我喜歡那些曾經的慢時光，用一輩子專注地愛一個人、做一件事。我想用餘生來做一個安靜做東西的手藝人，透過瓷畫來表達我所見所愛的世界。在這個天地裡，我與這個世界溫柔相待。」

三十歲以後，她給自己的人生做了減法，從臺前退到幕後，從鬧市撤回鄉間，從浮華世界退回到自己的內心。好與壞都是相對的，顯然，現在的生活更符合她清靜自持的本性，她擁有的世界雖小，卻豐盈自足。人生如同一條河流，流過了險灘急彎，從此靜水流深。

山中歲月長。她可以花費一整天甚至更多的時間，去記錄一朵花開的模樣，描繪一隻小鹿奔跑的姿態。儘管以手藝為生，她從來不重複、不量產，而是傾向隨意表達，用畫筆來表達內心對萬物、對自然的細微感觸。

也許是因為有了生活上的沉澱積累和學識上的堆疊，她的筆下常常有出色的故事。比如，她和木匠精心製作了一個木簪，古樸靈動，時有棱角。這個簪子被她命名為「宮二」，名字讓簪子頓時有了靈魂，讓人想起章子怡在電影《一代宗師》中扮演的宮二，那樣隱忍，又那樣深情；她為一對情侶畫了組鎮紙，主題為《浮生六記》，沈復和芸娘的恩愛生活在她畫筆下重現，這對有情人從此在鎮紙上，生生世世，相靠相依。

我不知道光靠賣這些手工製品，她能否過上相對富裕的物質生活，但在我看來，她的生活已足夠豐裕：穿樸素的棉布裙子，吃自家種的新鮮蔬果，和明月清風做伴，忙時畫畫練字，閒時就靜坐門前，聽風過松林的聲音。

中國古代文人踐行了數千年的雅致生活，在她身上得到了延續。就像一株竹子一樣紮根在空曠的山野，每一天都在靜靜生長，每一片葉子都無比舒展，活出柔軟而堅韌的樣子。

有次看到一篇文章，題目是「這世上一定有人，過著你想要的生活」，我第一時間就想到她。我目前仍在渾渾噩噩中，但是只要想到她，想到這世界上的某個角落裡，還有人沒有被現實擊敗，依然固守著自己的生活方式時，就會覺得沒有那麼難熬。

她常常笑稱，自己今天這樣，無非是被生活一步步擊退，逼得重返山林。其實，能夠堅守自己喜歡的生活方式，不為外界所動，又何嘗不是一種成功呢。

我們真正需要的，也許並沒有想要的那麼多，做真正喜歡的事，愛自己真正愛的人，一生能投入一次已經足夠。

我們真正需要的，

也許並沒有想要的那麼多，

做真正喜歡的事，愛自己真正愛的人，

一生能投入一次已經足夠。

03

有些事現在不做，這輩子可能都不會做了

一個人如果想真正做點什麼，任何事都不能阻擋，年齡不能，境遇也不能。

直到現在還不斷有人問我：「妳真的辭職了嗎？真的不後悔？」沒錯，我辭職了，這已經是一陣子前的事了。我是個性格衝動的人，但辭職這件事絕不是一時衝動，而是思考了很久的必然結果。

什麼時候開始有了辭職的念頭呢？追溯起來應該是好幾年前了。有一天，某位主管突然來了興致要陪貴客去爬山，於是臨時安排一個記者隨行。我正好被點到名，只得斥巨資搭計程車過去，然後連滾帶爬地往山上走。等到我氣喘吁吁地追上他們時，卻被漫不經心地告知：低調一點，今天這事就不用報導了。

我心中有一萬句憤怒的話呼嘯而過，既然要低調，何必叫記者過來？就在那一瞬間，我對這份工作的意義前所未有地產生了懷疑，心裡有個聲音不斷響起：真是不想幹了！

記者是一份表面上看起來還算光鮮的工作，尤其是在幾年前，紙本媒體還在黃金期的末尾。哪怕我辭職了也要說，這是一份很好的工作，它可以提供不錯的薪酬、相對的自由和見識外界的機會。記者不是不好，只是不適合我。

我父親曾經以我找了這樣一份工作為榮。在他看來，當記者接觸的都是地方官員、行業精英，所謂談笑有鴻儒，往來無白丁。既然整天和這些大人物打交道，那想必也一定很厲害。

父親的想法並不稀奇，只能說是外界對這個行業的普遍誤解。說白了，這種所謂的接觸只是淺得不能再淺的關係，接觸過後，誰還記得你是誰？當然也有很多人以此為榮，但對我這種太過敏感的人來說，很多時候只覺得緊張、乏味，甚至恥辱。

除去最初幾年剛入行的新鮮感外，這工作對我來說就是漫長的忍受。難以想像，我居然忍受了多年。作為一個有點社交障礙的人，我被要求去和形形色色的人打交道，不得不應付各式各樣的狀況，很多人對此如魚得水，但對我來說，無疑是種折磨。

有些人可能會認為，妳這麼能寫，做的又恰好是文字工作，簡直太適合妳了。這些人根本就不理解新聞和文學的區別，我的文學素養對撰寫大部分新聞來說並無幫助。每次我寫下那一篇篇「本報訊」時，心裡都有些空虛。畢竟，換了任何一個讀過高中的人，寫出這樣的東西都是毫不費力的。

換而言之，我從事的是一份極易被取代的工作。這份工作除了給我報酬外，更多的是焦慮、惶恐和自我懷疑。有時我也會費勁地去寫一些所謂的深度報導，自然是得不到任何好評，更多時候我甚至不願意投入心力，只是想盡快寫完，好空出時間去寫想寫的東西。

有那麼幾年，我總愛反復問自己：妳到底能不能成為一個好記者？最終的答案是不能，我頂多只能成為一個合格的記者，不遲到、不拖稿、不索討紅包。因為它對我來說只是一份工作，一份我並不喜歡的工作，我沒辦法全心投入。

這樣的狀況，上司自然是不滿意的。

職場評判人的標準很簡單，你可以不能幹，但態度必須要端正。像我這種，當然是屬於態度極其不端正。

我自己又何嘗滿意。我是渴望成長的人，長期幹著自己不喜歡的工作，只會讓我覺得生命能量日漸萎縮。如果說我還有兩分才華，這個工作毫無疑問沒辦法發揮我的才華。

我生性好強，事事不願落於人後。在很長一段時間內，我所做的很多事都是為了活成別人眼中光鮮的模樣，一件事即使不喜歡、不擅長，我也會咬緊牙關做好，只為了證明自己不比別人差。

所以，當我意識到並不喜歡這份工作後，還是咬緊牙關又幹了好幾年。那段漫長的歲月真是迷茫極了，就像站在十字路口，完全不知道該往哪個方向走。每天早上一醒來，都在天人交戰。

感情面告訴我，快去辭職吧，馬上，立刻，一秒鐘都不想幹下去了。理智面卻告訴我，現在還不是辭職的最佳時機，再等等看。長久的糾結，搞得我都有點看不起自己了。

與此同時，我開始積蓄能量，在雞飛狗跳的生活中堅持寫作，為的是某一天能攢夠讓下輩子衣食無憂的錢，然後瀟灑地辭職。

其實，直到辭職那一刻，我還不能算瀟灑，只能說是有點底氣。我當然也沒有攢夠足以讓下半輩子生活無憂的錢，只能算是薄有積蓄。那為什麼會突然在這個時候提辭職呢？那是因為我想通了，人生不可能有完全準備好了的時刻，有些事情現在不做，這輩子可能都不會做了。

放棄了已經從事這麼久的工作，可惜嗎？當然有點可惜，因為以後再沒人每個月固定給我薪資了。至於很多人所說的人脈，倒是一點都不可惜，我從來不關心自己有沒有人脈，我只關心自己有沒有朋友。沒有了那些所謂的人脈，我的世界就只剩下兩種人：真心喜歡我的，以及我真心喜歡的。多麼單純美好。

很多人都問我：「辭職了準備去哪裡？找到下一家了嗎？」

對此，我往往笑而不語，因為我覺得如果說出「我要去寫作」的答案，會引來更多沒完沒了的盤問。

是的，我要去寫作了。盡我所能，全心全意。

如果說每個人都有初心的話，那麼寫作就是我的初心。我從小就想當作家，寫作是我迄今為止最喜歡也最擅長的事，如果要我來列遺願清單，排在第一位的應該就是：寫出好的、能被大眾認可的作品。

人生苦短，我只想優先去做對我來說最重要的事，我不想等到臨死前才懊悔：為什麼年輕時沒有騰出幾年時間來追逐夢想。

有人會說，哎呀妳都三十多歲了，還談什麼追逐夢想，就不能現實一點嗎？

沒錯，三十多歲才去追逐夢想是有點晚了，可是再不開始行動的話，很快就會到四十歲了。一個人如果想真正做點什麼，任何事都不能阻擋，年齡不能，境遇也不能。任何一個盡了家庭責任的人，都有權利去追求自己的夢想，哪怕他三十多歲了。

在此之前，我是作為一個社會人，為家庭、社會地位、責任和義務而活；在此之後，我想為自己而活，即使沒辦法取得什麼成就，至少也要一天天地活成自己喜歡的樣子。

這種選擇肯定會令不少人驚詫，畢竟在人們心中，全職寫作根本是和餓死畫上等號。自古文人多落魄，一說起以寫作為生，大家馬上會想到家道中落的曹雪芹，住在黃葉村裡，舉家食粥，借貸無門，風雨飄搖。衣裳未剪裁，一邊吐著血，一邊吭哧吭哧地寫著《紅樓夢》。人們還會想起一生漂泊不定的杜甫，小兒子餓死了，自己老病無依時被困在一葉孤舟上……。這樣的場景非常多。以寫作為生的人當然絕大多數都很清貧，這點從古至今都沒改變過。幸運的是，作為一個寫作者，現在可以說是迎來了最好的時代，這一點，越來越火紅的中國作家富豪榜可以作證，二〇一八年排在第一位的唐家三少年收入已經破億。

這些金字塔尖的人就不說了，金字塔中間的人過得也不錯。我認識的人中，有可以靠版稅在北京買房的，也有小說的影視版權賣出上百萬的，他們不僅靠寫作過上體面的生活，而且還過得相當舒適（這部分是寫給我爸爸媽媽看的）。

聽說我想去寫東西時，有朋友說：蠻好的，去做點自己喜歡做的事，哪怕錢少點也無所謂。

對此我要大聲地說「NO」，我是個很理想化的人，但還沒有理想主義到為了追求理想寧願餓死的境地。對我這種視財如命的人來說，錢少一點點都是很有所謂的。我選擇寫作，除了熱愛之外，還因為它可以帶給我比工作更豐厚的回報，以及更可觀的「錢途」。

一句話，為什麼不工作而要去寫東西？因為這樣可以賺更多錢。要是有一天寫東西賺不到錢，我會老老實實再去找一份工作，讓寫作回歸為愛好。

關心我的親友們請放心，作為一個現代女性，我時刻都謹記自己肩負養家糊口的重任，一刻也不敢忘記。至於「一把年紀還能找到工作嗎？」用我媽媽的話回答就是：這年頭，只要你願意努力，就不會餓死！我特別喜歡德國作家赫爾曼．黑塞的一段話：

「對每個人而言，真正的職責只有一個：找到自我，然後在心中堅守其一生，全心全意，永不停息。所有其他的路都是不完整的，是人的逃避方式，是對大眾理想的懦弱回歸，是隨波逐流，是對內心的恐懼。」

很久以來，我不敢辭職，除了對未來的不確定之外，其實也是對自我的逃避。別看現在大家都說什麼要找到自我，其實絕大多數的人都在逃避自我。

為什麼那麼多人不敢去做自己最想做的事？因為他們害怕竭盡所能後，發現自己並無天賦。

人最不能接受的不是失敗，而是自己的無能。所以才會一再拖延，以至於錯過很多機會，但卻始終保持這樣的幻覺：我是某個領域的天才，只是環境限制了我，使我沒有機會發揮潛能。

我之前不敢嘗試全職寫作，正是基於這樣的恐慌。

我害怕放手去做會打破幻覺，會發覺自己並無寫作方面的天賦。可現在我決定不再逃避，而是迎著自己的命運一步步走上前去。每個人都是帶著宿命來到這世上的，寫作就是我的宿命。如果這註定是一種幻覺的話，也得由我來親自打碎。我不想等到別人來告訴我，你原本可以做到，或者壓根就做不到。

迷茫的時候，很多人都會選擇好走的路。比如有人就建議我，妳完全可以一邊工作，一邊寫東西。工作是錦緞的話，寫作就是錦上的那朵花，這樣多好啊。

很多聰明人就是這樣做的。

這世界上的聰明人已經夠多了，我不介意做個一意孤行的傻子。沒辦法，我從小到大就是這樣，做選擇的時候，從來不會去選最好走的那條路，而是選最想走的那條路。

對於不喜歡的事，再怎麼勉強也堅持不下去；對於喜歡的事，卻可以傾我所有，全心投入。一邊工作一邊寫作，只能讓我寫出碎片化的東西，而我真正的夢想，是用手中的紙筆去構築一個獨屬於我的世界。

小時候我非常希望能和夥伴們一起去闖蕩江湖，每當《西遊記》片頭曲響起的時候，心中不禁熱血沸騰，彷彿眼前展開了一條金光閃閃的道路，那條路上繁花似錦，笑語喧喧，通往充滿詩意的遠方。

那麼多年過去了，我終於出發了。那麼多年過去了，我的熱血仍未冷。儘管出發得有些晚，儘管孤身一人，儘管這條路不會那麼好走，但無論如何，我已經邁出了第一步。

遠方和江湖，我來了。

04

放下過去，才能再輕裝上路

女人一熱戀往往就容易被沖昏頭，明知到對方在說謊，卻也捨不得戳穿點破，寧願活在自己的夢當中

瀏覽微博[1]時，看到一個情感專家總結男人對女人說的三大謊言，分別是：愛過、不胖以及你最美。

身為女性的我不禁啞然失笑，可不是嗎，陷入戀愛中的女人，誰沒聽過男人幾句天花亂墜的謊言呢？愛情就像重感冒，人一熱戀就容易被沖昏了頭，於是，一個成了說謊高手，擅長用蜜糖一樣的謊言來敷衍對方；一個成了傻白甜，明知道對方在說謊，卻也捨不得去戳穿點破。

如果說「不胖」、「你最美」只是甜蜜的謊言，「愛過」這樣的謊言聽起來則分外淒涼。就像張愛玲筆下三十年前的月亮，隔著那麼長的時光往回看，再好的月色也不免帶些淒清。

「愛過」這兩個字原本就讓人心酸，不管是不是真心話，都代表著你們之間的感情已成了過去式。對於曾經的戀情，男人總是愛犯健忘症，過去就過去了，無意再糾結。放不下、割不斷的往往是女人，哪怕最後一拍兩散，哪怕他已有了別的女人，她還是執著於他有沒有真正愛過。

知名香港藝人沈殿霞就是這樣一個執著的女人。她當年的定位有點像現在的喜劇演員賈玲，胖胖的，走諧星路線，不過她的地位要比賈玲高得多。她主持

1 是一種允許用戶發表簡短文字並將其公開的自媒體。

的一檔綜藝節目《歡樂今宵》，收視三十年不倒，是當之無愧的香港綜藝界一姐。

尊敬她的人都要稱她一聲「肥姐」，喜歡她的人則親暱地叫她「肥肥」。這世界對胖子多少是有些偏見的。沈殿霞卻不一樣，她雖然胖，可是胖得可愛，胖得喜感，而且她放得開，不介意拿自己的胖開玩笑、不介意被調侃。她是敦厚的，也是嬌憨的，就像一朵桃花喜氣洋洋地盛開在春天裡，任誰都忍不住多看一眼。

那時的香港的觀眾喜歡她。前輩愛提攜她，她在邵氏拍片時，影視大亨邵逸夫特地來片場探班，囑人照顧好這個小諧星。同輩藝人也愛和她親近，鄧光榮、謝賢、秦祥林等六人拉著她一起義結金蘭，組成七兄妹。

沈殿霞是個很有自知之明的人，在香港娛樂圈裡享有「國際員警」的美譽，因為姐妹們總把各種閨中隱私跟她講，男藝人也把她當哥們，拉她出去喝酒排遣壓力，夫妻間有什麼矛盾也找她調解。個中奧妙，她很清楚，無非是「我想大概是我比較豪爽，外表又不出眾，大家對我都比較有優越感，不當我是競爭對手，願意卸下心理防禦把我當自己人。」

作為全香港的開心果，她可以說是集萬千寵愛於一身。她得到了想要的一切，要什麼有什麼，名聲、金錢、地位接踵而來，除了愛情。沒辦法，誰叫她胖呢。胖女人在人們眼中通常是沒有性別色彩的，男人們喜歡她、親近她、和她稱兄道弟，把尊敬和友愛給了她，卻把仰慕和憐愛給了那些腰細如柳的女孩。因此當她和鄭少秋傳出戀情時，幾乎所有人都跌破眼鏡。肥肥和秋官？怎麼可能，這兩個人就像火星和地球之間的距離那麼遠。

港星鄭少秋，江湖人稱秋官，演了一輩子的古裝美男子，穿一身白衣、拿一把摺扇就是踏著月色而來的楚留香；換成清朝的長袍馬褂，戴個瓜皮小帽，就成了絕頂風流的乾隆皇帝。他曾經唱過一首歌叫《摘下滿天星》，那時他已經不太年輕了，但只要一見他就會覺得，他就是歌中那個翩翩少年郎。

這樣的絕世美男，身邊自然珠環玉繞，能配得上他的一定是個絕色佳麗。沈殿霞會愛上他一點都不奇怪，他的容顏很少有女人能夠抗拒，奇怪的是，他居然也回應了她的熱情。

但如果聯想到當時的時空背景，就會發現其實自有合理的一面。那時他還只是個沒什麼名氣的小生，她已經是坐擁許多資源的娛樂圈大姐。

最初，她只不過是替好友送信，一開始還以為是情書，直到看見他躲在廚房裡哭，才知道那是封分手信。看著那樣一個男人，居然也會被人拋棄，也會為情所傷，她不知不覺中就動了心。

這一動心就不可收拾了，那年她三十歲，連正經的戀愛都沒談過，天上突然掉下了個如此風流倜儻的男人，她就算拼盡所有，也要接住這好運。鄭少秋遇上她時正逢失戀，人在這種情況下總是格外脆弱，於是兩人就這樣一拍即合了。

一開始，她也許並沒有過多的奢望，只是想好好地享受一下戀愛的甜蜜。但女人在感情上沒有不貪心的，慢慢地，她就生出了想和他天長地久的念頭。她為他煲湯、幫他拉資源、穿著情侶裝、和他一起上雜誌封面。

可以說，她在他早期事業的發展上功不可沒，有了她的牽線，他才有更多接演知名劇集的機會，成就他古裝偶像地位的《倚天屠龍記》、《楚留香傳奇》等劇都是拍攝於此期間。據傳曾有黑道找上門來威逼他拍戲，那時候是她勇敢地站出來說：我是他女人，你找我說話。

相信他最初也是愛過她的，並不像臆測的，全是衝著她的江湖地位而去。鄭少秋一出道就在金庸的《書劍恩仇錄》中一人分飾三角，憑他的外形和演技，即便沒有她的幫襯，也未必不會飛黃騰達，他的實力，從他離婚後還能獨力打開臺灣市場就足以見得。在我看來，他並沒有人們說的那樣不堪。但不可否認，他沒有對這段感情投入得太深，自始至終都有些猶疑，不像她那麼堅定。

可能就是看出了他的猶豫，她身邊的親朋好友們幾乎一邊倒地反對他們相戀，她的那些結拜哥兒們不只一次對她說：「肥肥，他這是要利用妳！」不得不說，只有男人最瞭解男人的心理。同為男人，她的兄弟們早就明白了，男人都愛美女，對他們來說，情義千金不敵胸脯四兩，妳再愛他又能如何？

她卻聽不進兄弟們的勸告，一心只想和他比翼雙飛，並如願在四十歲時嫁給他。她相信一定可以用她的賢慧、付出和水滴石穿的柔情，來贏得他的心。

但他卻漸漸打了退堂鼓，不夠愛，或許是其中一個原因，壓力太大也是另一個原因。都說大哥的女人不好做，事實上大姐的男人更不好做。全香港的人都盯著他，他若膽敢有一點不軌之心，就會被千萬人唾棄。據說有次還是新人的趙雅芝，拍戲時和他開了個玩笑，事後就被人警告：那可是肥姐看重的男人，妳小心點。

察覺到他的退縮，她挽回他的方式和尋常女人沒有兩樣，那就是用孩子來留住他。她不顧自己有糖尿病等不適合生育的疾病，透過人工授精懷上孩子，並在四十二歲的高齡產下一女。結果，女兒生下來才八個月，他們就離婚了。他出軌了，如大眾一直期待的那樣。而她為這段感情已經犧牲了太多，不想連最後一點尊嚴也犧牲掉，最後的結局只能是離婚。

她決定放他一馬，放他去和那個叫官晶華的女人生活。江湖傳說她有通天的本事，可以在黑白兩道通吃，如果這是真的，只能說她對他真仁慈，至少沒有趕盡殺絕。

離婚後的那幾年是她人生中的灰暗時刻。她患了抑鬱症，頭髮大把大把地掉，生病住院時，身邊連個倒水的人也沒有。大家心疼她，為她抱不平，她不出頭，自有千千萬萬人替她出頭。於是矛頭瞬間對準了鄭少秋，那個曾受眾人崇拜的秋官，一下子成了劈腿出軌的渣男。

香港娛樂圈徹底拋棄他，他只得避走臺灣，很多年後才悄悄地重回香港，但「渣男」這頂帽子大概要伴隨他終生，再也摘不掉了。

她也當他是渣男嗎？我想未必。不然，她也不會在離婚後，再也沒有第二個男人。畢竟，被他那樣的男人愛過，是很難再愛上其他男人的。

離了婚的她哭過、痛過、抑鬱過，但最終活成了「失婚婦女」的典範。重回大螢幕的她，仍是人見人愛的開心果，主持節目、演喜劇、照顧朋友、一手養大女兒，從她表現出來的樂觀和豁達來看，她的確配得上香港人的喜愛。

所有人都以為她放下了，只有她自己知道並不是。有很長一段時間，她不准身邊人提他的名字，一提就翻臉。她連女兒都不大讓他探訪，獨自一人將孩子帶大。好在女兒全然是她的複製品，像她一樣圓乎乎的，也像她一樣樂觀開朗。

直到很多年後，當打抱不平的圍觀者們幾乎已忘掉這段陳年舊事時，他來上她的節目，友好融洽地談了許多不痛不癢的話題，她終於忍不住問：「我有個問題想問你很久了，今天藉這個機會問問，你只需回答Yes或NO就行。究竟多年前，你有沒有真正愛過我？」這個問題，一定盤旋在她心頭很久了，以至於她明知道已時過境遷，還是忍不住問出來。

他遲疑了一會兒，終於說出「Yes」的答案。

那一刻，不僅是她，包括圍觀群眾如我，也大大鬆了一口氣。我們都清楚，他也許是騙她的，可那有什麼關係，好歹他還願意騙她，願意在數百萬觀眾面前給她面子。這之後她才真的放下了，和他維持著平淡如水的朋友關係。女兒畢業典禮時，他會來觀禮；她生病時，他也會來探望。

人們一直不原諒他，直到她因癌症去世，他頂著壓力來參加她的出殯儀式，鄧光榮還在葬禮上毫不客氣地指責他，說他對不起她。其實又何必，一切都過去了。

她生前早已諒解他，網路上至今流傳著一篇她離婚多年後寫的文章，題目叫作〈感謝前夫鄭少秋〉。在文中，她說感謝他來參加女兒的畢業典禮，感謝他讓女兒有了真正快樂的笑容。

我想，他一定也曾帶給她真正的快樂，那些飛揚的歲月裡，因為有他，才有了不一樣的色彩。他讓她痛痛快快地愛過，也讓她真真切切地痛過，無論悲喜，都是人生難得的體驗。

人生說到底，只不過是一連串體驗的總和。疼痛和真愛，都是難能可貴的經驗，豐富了她的人生。她肯定也怨過他、恨過他，但這一切在他說出Yes之後，也許就煙消雲散了。

所以男人們，當一個女人苦苦追問「你有沒有愛過我」時，你一定要回答

「YES」，因為女人想要的往往不是真相，而是她們想要的真相。至於執著的女人們，當他說出「愛過」兩個字時就夠了，這已經是他能夠給妳的最後的溫柔。所有的不依不饒都是畫地為牢，你要做的是放下徒勞的糾纏，放下時過境遷的往事，唯有放下，你才能輕裝上路。

05

愛上不夠愛你的人，怎麼跑都追不上

自從愛上他之後，我便如同穿上了這雙被詛咒的紅舞鞋，為了離他近一點，再近一點，只有宿命般不斷努力旋轉。

我在豆瓣上寫些情感小故事，引起了一些豆友的共鳴，經常有人給我發豆郵，基本上都是女孩。她們其實不想從我這裡得到什麼解答，只是需要一個樹洞，可以無所顧忌地傾訴。

在眾多樹洞故事中，讓我印象最深刻的是Nana的故事。她的自我介紹就很特別：我用馬甲[1]給妳發的豆郵，常看妳的小文，好喜歡，把我的小故事講給妳，如果以後能在妳的小文裡找到自己的影子，我會非常高興的。

她養了一隻叫Nana的寵物，為了方便敘述，這裡就叫她Nana吧。「我才二十七歲，卻有過一段長達十年的感情，我們嘗試過多種形式的相戀：異國、異地、時差黨[2]，好像一直都在演雙城記，現在他離開了，我卻還留在他離開後的城市裡。」Nana的開場白十分吸引人，讓我一下子被她的經歷打動了，下面是她的故事。敘述中，她稱他為S，我一直不太喜歡用字母來指代人，那就叫他小帥吧。

Nana和小帥的愛情長跑，要追溯到遙遠的高中時代。學生時代的他們，有點像電影《那些年我們一起追的女孩》的現實版，她是乖巧甜美的學霸女神，他則是有點小壞的叛逆男生。

1 馬甲：指另一個帳號。

2 時差黨：指生活在海外，有時差的國人。

高二時兩人同桌，那時的學校有個奇怪東西叫桌布，一開始課桌是兩個人用的大桌子，他們合用一塊桌布，後來學校統一換了桌椅，都換成一人一張的小桌子，別的同學都把桌布對半剪開，他們沒有這麼做，還是一張大桌布，蓋在兩個桌子上。

他們兩個是班上最有革命感情的同桌，她成績比他好，他愛打籃球、愛玩遊戲，所以當他上課打瞌睡時，她經常幫忙把風，把作業借給他參考。他也會把在補習班高價買來的模擬題，在炎炎夏日跑步送到她家。

當時兩個人只覺得這是好朋友的革命感情，他愛讀閒書，愛講給她聽她不知道的歷史，她會把課業上的重點做成小紙條放到他的鉛筆盒，這樣他就能經常看到並且記住。他還模仿他爺爺的口氣寫了一張紙條，上面寫著 Nana 小同志，努力是成功的必要條件。

高三開學沒多久，他準備出國。去北京領事館申請簽證，預約面談，他從北京帶回一個粉色的小布偶給她，說覺得很像她。他從北京回來沒兩個禮拜，就訂了去倫敦的票，一切都太快，來不及反應。他走的前一天，她在教室等他，他說我們是一輩子的好朋友對不對，然後她一邊點頭一邊哭。

小帥去了英國倫敦，到週六他就打電話給Nana，一打就是一下午，開始他只是說我很想妳，要是妳跟我一起出國該多好，約莫到了第三、四次時，他跟她說，做我女朋友吧，我會對妳好的。他不停地在電話那頭追問，她在電話這頭使勁點頭，掛了電話才領悟到，原來他根本看不到她的動作。

就這樣，沒有太多的起伏，兩個人簡簡單單成了男女朋友。那時的她還不到十八歲，以為自己青春無限，熬得過時間的侵蝕，也抵得住空間的距離。

高考後她順利考上了南方的一所大學，他們一週通三、四次電話。Nana幾乎把所有生活費都用在買國際電話卡上了，那些年國際長途特別貴，零售的百元電話卡能打二十七分鐘，他打給她會便宜些，有時打著打著沒有錢了，他就半夜去買電話卡再回撥給她。

說得最多的就是想念，她總是說特別想他，有次在電話裡哭著說，真想睜開眼睛就能看見他。

過了一陣子，突然有一天好朋友一反常態的要幫她整理書桌、打掃環境，後來又拉她去宿舍樓下看電視，結果在宿舍大門口，她看見他抱著一大束紅色玫瑰花從遠處走來，原來是他特意從英國飛回來了，並收買了她的好朋友，配合給她一個驚喜。

他說他坐飛機到香港，又坐船到珠海，已經六、七點了，那個年代本來就沒有幾家花店，珠海又是個小城市，他就坐著計程車，沿途遇到花店就敲門，終於找到一家花店，幾個人忙了好一陣子，才包了這九十九朵一大束的花。捧著那束玫瑰，她覺得自己就是全宇宙最幸福的人，真的。

整整一天，他倆待在電影院，那種禮堂大小的電影院，一共看了五遍《木乃伊歸來》，他還在適應時差，下午的時候，他就枕著她的肩膀睡著了，他說等妳大學畢業也來英國吧，她說好。

他在北京轉機時，又在那家布偶店買了一個藍色布偶送給她，說那個藍色的是他，然後又把之前送給她的那個粉色布偶掛在自己的書包上，說這樣就能和她片刻也不分離了。

相戀前三年，那時候她的一年是從九月開始的，到次年的六月結束，七、八月對她來說是個特殊的時段，因為只有暑假她能跟他在一起，是最快樂的時候。

大三那年的暑假，他帶她去北京的小姨家玩，他們去長城、去天壇，玩得很開心，他把她送上開往廣州的火車後，她開始漸漸聯繫不到他，有時不接電話，有時匆匆掛掉。

她一邊準備畢業，一邊複習考研究所，突然有一天他打電話來說：「我們還是分開吧，我會留在英國，妳不能出來，還是分手吧。」那一天她哭得很慘，再怎麼打電話給他都不接了，她又給他寫信，每天都寫，也是沒有回應。這是他第一次提分手，二十歲的她怎麼也不願意放手。

她很絕望，馬上放棄考研究所，跟家裡說要去英國。當時已經十一月，準備第二年的出國申請時間很緊張了，她用了一個月時間複習 IELTS、準備文件、寄申請，終於拿到幾個學校的 Offer，最後選了一所英格蘭北部的學校。

那年九月，Nana 隻身一人飛往英國，事先沒有向他透露任何消息。住進宿舍第二天，她買了從約克到倫敦的火車票，火車上用借來的手機撥通他的號碼，跟他說自己再一個小時會到達國王十字火車站。他說家裡有客人，便把地址發給她。到了他家樓下，他下樓來接她。她高高興興地走進他家，這時，迎面走來一個美女……。

當時她整個背脊發涼，幸好只是虛驚一場，那個美女是他好兄弟的女朋友，他們只是打撲克牌玩到天亮還沒走。

就這樣，他倆什麼都沒有多說就又在一起了。有時他來約克看她，有時她去倫敦看他。直到她畢業才搬到倫敦，跟他生活在一起。

在英國很難找工作，他很希望她從事金融業，因為在英國畢業的學生幾乎都進了金融業，她出國時間短，英語也不夠流利，他比她先找到工作。

雖然他出身土豪家庭，但畢業後已經不跟家裡拿錢，他工作的薪資一般，於是他們從中心區的大公寓搬到房租便宜的房子裡，還把房間出租出去做二房東。

Nana 回憶說，他們兩個窩在不足十平方公尺、跟三戶人家共用廚房和洗手間的那段日子，特別美好。她複習考資格認證，他每天上班，週末時會去印度人開的日本料理店打牙祭，也會在凌晨四點去金絲雀碼頭的海鮮市場，買便宜又新鮮的水產，去 IKEA 坐在樣品間裡想像未來家的模樣。

他們買了一臺小小的二手電視，房間小到支起了晾衣架就沒有兩個人站的地方。他們住的街對面是電影院，國外看電影很便宜，有新電影他們就去看，後來那個電影院好像還因為老鼠氾濫而上了報紙。

冬天的倫敦也是很冷的，有一次家裡的熱水器壞掉，整個房子沒有暖氣，他們穿著衣服躲在三層被子下，床底下還有老鼠窸窸窣窣的聲音，但她還是覺得很幸福，有他在的日子真的很幸福。他跟她說，等妳找到工作我們去旅行，她說好。她過生日時他送了一張卡片，上面寫著：老婆等我有錢了買給妳大鑽戒。

他小時候因為右手拇指上長個小瘤，做過一個小手術，留下了一段疤，她小時候因為劃傷，也在右手拇指上有個疤，他們在一起的時候她還說，這是我們前世在一起的時候留下的印記，就是為了這一生找到彼此。很浪漫有沒有，女人啊，真是愛幻想的動物。

想起來，這是他們相戀十年來唯一沒有分開過的一段歲月。

後來因為簽證資料出了問題，他沒有拿到下一年的簽證，其實如果重新提交也可以拿到，但他認為英國人實在太蠢了，無法接受拒簽的事實，於是回國了，Nana 則因為一些原因還要在英國待一段時間。

送他去機場的路上，她哭了，其實經歷過很多次的機場火車站送別，她都習慣了，只是這次不知道怎麼就哭了，他說別哭，妳回國的時候我來英國接妳回去。

但誓言猶在耳畔，承諾的人卻早已經改變了心意。

他回國後進了家族企業，從一個天天被上級指使的小職員，搖身變成副總，身邊也有了替他打雜的小職員，有了豪車和大房子，再也不用為了省錢，而從一個地鐵站走到下一個地鐵站了，也不用糾結三十英鎊[3]的皮鞋買還是不買。幾個月後他沒有來英國接她，甚至她回國後，他也沒有來首都機場接她，在好朋友的幫助下，她在北京租了一間五平方公尺不到的房子，在北京找工作。春節前他跟她說，妳好好找工作，找到好工作我帶妳回家見我爸媽。她在北京進了一家小公司，他又覺得不夠體面，沒達到去他家見爸媽的標準。

「想想那個時候真是蠢，他明明就是嫌棄我，卻總是說怕他爸媽不同意。可能我在這段感情裡付出了太多沉沒成本，不甘心就此放手。」她拿出當初考IELTS的那股勁，總算在北京找到了一個可以光鮮亮麗的工作，他卻告訴她，他所在的家族企業在深圳開了分公司，他要過去那邊幫忙了。

Nana什麼也沒說，轉頭就辭去了手頭上的工作，追隨他的腳步去了深圳。在深圳，她使盡最後一點力氣，終於進入了頂尖的金融公司——那本是他嚮往

3
約折合台幣一千一百元。

的行業，結果變成了她的夢想。

他們又和好如初。他承諾說今年過年我會帶妳回家，他們開著車一起在深圳看房子，他還會徵求她的意見該如何裝修，說在這裡打通一道門，以後小孩子就能跑來跑去了。

幾個月後，北京分公司人事上有些變化，他要回去代替某個高階主管了。一週後她在地下車庫裡看著他開車離開，那是她最後一次見到他，之後他沒回過深圳，也沒再提過帶她回家。

「妳可聽過紅舞鞋的童話？巫婆給美麗的紅舞鞋下了詛咒，每個穿上它的女孩都會不停地跳下去，直到生命的最後一刻。自從愛上他之後，我便如同穿上了這雙被詛咒的紅舞鞋，為了離他近一點，再近一點，只有宿命般不斷努力旋轉。」Nana說，他離開後，她選擇留在深圳，不是因為太累走不動了，而是因為她發現，如果愛上一個不夠愛你的人，再怎麼奔跑，也追不上他的腳步。

過年前，當她中了公司年終獎的特等獎之後，收到了他的郵件，這次不是驚喜，而是驚嚇。他寫的是分手郵件，說不想耽誤她之類。她一個人在深圳，遠遠地望著北京，默默接受了這一切。

她為了這段感情耗費了整整十年，從倫敦到北京，再從北京到深圳，值得嗎？對這一切，她的看法是「生活很神奇，我覺得自己已經很努力了，可是最後還是沒能跟他走在一起。有人問我會不會恨他？恨！怎麼不恨！不過想想，要不是因為追隨他出國，我現在只是在一個小城市裡沒見過大城市的女孩；要不是他說我們不能繼續，我也不能努力考 IELTS、出國留學；要不是他一心嚮往金融業，我也不會削尖了腦袋擠進這個頂尖的行業，我覺得這就是宿命吧，他在我的人生留下了抹不去的印記。」

跟他分手後她哭不出來，連看最煽情的韓國電影也哭不出來，而且就是睡不著，不過，時間長了也就慢慢好了，直到二〇一二年《那些年我們一起追的女孩》上映，她幾乎從頭哭到尾，從電影院哭回了公司，又哭回了家，電影裡有一段背景音樂是黃舒駿的《戀愛症候群》，很冷門的一首歌，可是就這麼巧，他高中時會打電話彈吉他唱給她聽，所以她一聽到就淚崩了，跟她一起看電影的同事們則都嚇傻了。

出來後她打電話給他，還是幾年前的號碼，他說已經有了女朋友，但事實上，共同的朋友說那時他已經登記了。他說這個號碼已經不常用了，她問他新的號碼，他說算了吧。

她喜歡看美劇，《欲望城市》裡，凱莉跟大人物在一起十年才結婚。Nana和他經歷過很多起起伏伏，跟他分手後的頭一、兩年，她還認為這次分手只是他們起起伏伏中的一次，最終總會走到一起吧，直到那通電話後她才醒來。很長時間她無法釋懷，也曾有朋友想幫她介紹相親，但她始終無法接受新的感情。

一次她整理抽屜，發現有兩把鎖住的密碼鎖。她試了幾個常用的組合，都沒打開，後來她試了自己的生日，兩個鎖都打開了。

「想想當年他用我的生日設定成密碼，至少他心裡愛過我，還挺心酸的。走過了二十，一直到三十歲才真正清醒，可能當初他也真心地愛過我，只是曾經的少年已經不在了。當然除了愛情，我們還有很多值得追求的其他什麼，只是愛情不圓滿總讓人有些遺憾。現階段我不再奢望完美的感情，我只想做快樂的自己，做堅強的自己。」這些是Nana在郵件裡對我說的最後一段話。

距離她給我發郵件，已經過了一年多，我親愛的馬甲小姐，妳一定從那段感情裡走出來了吧?!是嗎?!是吧?!請一定一定。

06

人生就是一個不斷認輸的過程

每次你都想贏，可是每次你都會差那麼一點點，該死的一點點。

1

婚姻就像工作一樣，日深越久總會讓人感到厭倦。

結婚第三年，我開始和家明頻頻爭吵。說出來都是一些小事，比如說他出去打牌徹夜未歸，比如說週末我想去遠足，他卻要在家睡覺，再比如說看電影我要看《月滿軒尼詩》，他卻要看《未來員警》。我們就這樣吵啊吵啊，為了雞毛蒜皮的事，吵得跟兩隻烏眼雞一樣，誰也不肯讓誰。他指責我不再溫柔，我抱怨他不夠體貼，我們對彼此的不滿日漸堆積。

有一次，我們為了過年回誰家的問題吵得天翻地覆，不知誰帶的頭，碗啊碟子啊嘩啦啦扔了一地，等到都扔完了，我順手拿起一個菸灰缸一扔，沒想到用力過猛，煙灰缸擦著他的額頭飛了過去，鮮血涔涔地冒了出來。我嚇得連忙撲了過去。

家明一手捂住額頭，另一隻手擋住我，冷冷地說，妳就是個潑婦，別靠近我。血從他的指縫裡冒了出來，我又氣又急，戀愛八年，結婚三年，一開始他叫我寶貝，然後開始直呼其名，現在他乾脆叫我「妳這個潑婦」。顧不上多想，我哭著去洗手間拿毛巾。

等到我出來時，他已經甩門走了。我拿起手袋追了上去，邊追邊打電話給我們的朋友浩子，讓他過來勸勸家明。

「你們又怎麼了啊？」浩子明顯還在睡覺。

「別問了，趕緊來我們家附近的醫院吧。」

二十分鐘後，我陪著家明在急診室裡檢查，醫生說只擦破了皮，不用縫針，只需要簡單消毒清理就行。

我才放下心中的大石頭，醫生用酒精清洗的時候，家明疼得握住了我的手。等到我們走出診室時，浩子才滿頭大汗地出現。看見我們拉在一起的手，他瞪大了眼睛：「叫我過來看你們秀恩愛嗎？」

家明指指額頭上的紗布：「幸好我拼命護住了頭，我英俊的面容才得以保存啊。」

浩子這才注意到他掛彩了。

那天晚上，我們三個坐在我們家的陽臺上，對著城市的萬家燈火，一邊喝酒一邊自我檢討。這是我們仨的固定節目了，每當我和家明大吵一次後，浩子就會站出來主持公道，讓我們開展批評和自我批評。

喝了一瓶後，我先自我檢討：「對不起家明，是我不好，我暴躁，我脾氣大，下次我再也不扔菸灰缸了，要扔就扔枕頭，砸不死人！」家明原諒了我。喝了三瓶後，換他自我檢討：「我也有錯，我不該叫妳潑婦，老婆才不是潑婦呢，她吃碗刀削麵都會留一半給我吃！」我和家明相擁而泣。

喝到第五瓶時，一晚上沒怎麼說話的浩子，小宇宙忽然爆發，拍著胸膛說：「我也要來自我檢討一下。你們犯的都是小錯，知錯能改，善莫大焉。但我犯的錯誤比你們大多了，大到無法改正，大到不能彌補。」

我向家明使了個眼色，他忙上去搶浩子的酒瓶：「你喝多了。」浩子仰起臉來對天長嘯：「我沒有！我就是個大傻瓜！」

月光照在他的臉上，兩行淚蜿蜒而下。那些曾經以為被淡忘的往事，就這樣撲面而來，將我們席捲到久違的青春歲月中。

西元二〇〇六年，我們住在麓山商業文明街（多數時候我們稱之為「墮落街」）上，家明、我、浩子，還有琪琪。也許每個大學附近都有這樣一條街，看起來又髒又亂，對那些大學生來說，卻髒亂得很美好。

太多校園愛情故事在這裡上演，太多風花雪月和煙火塵事並存。我們就曾是故事中的一員。麓山商業文明街的兩旁有一排房子，被精明的屋主隔成一個個小格子，每層樓足足有二、三十格，五、六平方公尺至十平方公尺不等。

我們就住在這樣的小格子裡，我和家明一格，浩子和琪琪一格，門對著門。中間是狹窄的走廊，小格子上有扇形同虛設的窗戶，即使白天也接收不到光線，進門就得開燈。屋裡小得只能擺一張床、一張桌子外，就只剩下轉身的餘地。

我和琪琪都是學生。浩子是和我一起長大的朋友，剛畢業還在找工作。家明一邊打著零工，一邊準備考研究所。

我們都窮得不要不要的。吃飯時，最常去的就是刀削麵店。男孩們要一個大碗，我和琪琪要一個小碗。我現在還記得，琪琪食量小，總會剩一點麵在碗裡，浩子就會搶過去風捲殘雲地吃完，邊吃邊故作嫌棄地說：「也只有我願意吃妳吃剩的東西了。」

家明總說，等我們有錢了，就叫四碗刀削麵，吃兩碗，倒兩碗。

年輕的時候我們沒有錢，但是我們有相濡以沫的愛人，有肝膽相照的朋友，還有一條不用花什麼錢就能過得舒適幸福的老街。

我們在「樂樂精品店」中買全長沙最便宜的飾品，在「晚風KTV」的大廳花上幾十塊秀秀各自的歌喉，去「紅蘋果餐廳」吃最聞名的肥腸火鍋，閒晃得累了，就花一點錢到電影院看一場最新的片子。

說起來，浩子和琪琪就是在電影院相識的，他們的故事在朋友圈中幾乎無人不曉。

那一天，大一女生琪琪為了避雨走進電影院，恰好在放《甜蜜蜜》，她看得正入神時，鄰近的黑暗角落裡傳來「吧嗒吧嗒」吃爆米花的聲音，在安靜的電影院中特別刺耳。循聲望去，原來是一個瘦瘦的男生，頭髮弄得就像爆米花。借著電影的微光，她默默地對他行了幾秒鐘的注目禮。

那個男孩識趣地停止了咀嚼。過了一會兒，一個爆米花袋突然伸到琪琪面前，琪琪愣了一下，老實不客氣地抓了一大把。

爆米花吃完了，電影也一步步走向高潮，張曼玉飾演的李翹和黎明飾演的黎小軍，在命運的撥弄下不斷錯過，女孩的眼淚嘩啦啦地往下流，男孩又體貼地遞過來面紙。最後，看著李翹和黎小軍在紐約街頭相遇，琪琪一下子淚雨紛飛，習慣性地伸手接面紙，角落裡一個聲音弱弱地說：「不好意思面紙用完了，要不妳用我的袖子擦擦？」

年輕的心被愛情的甜蜜漲得滿滿的，彷彿有無限的精力要發洩，我們幾乎所有閒置時間都在一起，嶽麓山上、愛晚亭邊、橘子洲頭、情人島畔，處處留下了我們的身影。去得最多的地方，當然還是麓山商業文明街。

有一次，我們四個人無事可做，便從麓山商業文明街這頭湖大的出口，慢慢走向那頭師大的出口，然後再走回來。我們曾一起用腳丈量過，將整條麓山商業文明街走完正好九百八十一步。當然，用的是「平均步長」。浩子高大，琪琪嬌小，他的步子顯然大過她的，略微走得快點，琪琪就停下來撒嬌說：「你走得太快，我跟不上你的步伐啦。」浩子就抱歉地笑笑，趕緊放慢自己的腳步。

那個晚上，不顧人潮，眼裡只有彼此，笑語喧嘩地從這頭走到那頭，用無數個來回證明了九百八十一步。不知走了多少遍，當周圍的人都慢慢散盡，才發現曾經熙熙攘攘的街道，居然變成我們四個人的麓山商業文明街。

「好傻喔！」當時，宿舍的姐妹把我們「步量」墮落街當成一件糗事。很多年後我才發現，那件看來最傻的事，已成了我年少時最美好且無法重演的回憶。

還記得二〇〇六年的世界盃嗎？那一年的世界盃，我們是在電影院看的。二十塊？四十塊？票價我已經記不清了。

我只記得浩子和家明穿著阿根廷的球衣，他們都是阿根廷的死忠粉絲，我和琪琪穿上最漂亮的裙子，一人拎一瓶啤酒，手牽手去看世界盃。可以容納數百人的電影院裡座無虛席，空氣中滿是青春的熱血氣息。

我們為進球吶喊，也為失誤尖叫，我們的吶喊尖叫融入數百人的吶喊尖叫中，整條麓山商業文明街、整個長沙城，都聽得見我們的聲音。

我和琪琪從來都不懂足球，但我們還是自稱是阿根廷的粉絲，其實，我們只不過是我們男人的粉絲而已。可是阿根廷還是輸給了德國。誰能告訴我，那個該死的球怎麼一直踢不進呢？

「我靠，就差一點點！差一點點就贏了！」

我們走出了電影院。浩子和家明垂頭喪氣地走在前面，琪琪和我垂頭喪氣地跟在後面，即使再喜歡阿根廷，也不得不承認這次就是輸了。後來我才知道，人生其實就是一個不斷認輸的過程。每次你都想贏，可是每次你都會差那麼一點點，該死的一點點。

但那時我們還年輕，還不服輸，於是，沒沮喪多久，我們四個人就手拉著手，鬥志昂揚地去唱ＫＴＶ。我們三個都沒工作，浩子剛失業不久，但還是湊齊了幾百塊，那時候物價真便宜啊，這些錢除了可以唱個通宵，還可以買一堆啤酒。除了浩子，我們三個都愛霸占麥克風。於是他只能坐在角落聽我們鬼哭狼嚎。

我和家明是粵語歌的腦殘粉。

我們唱了《千千闕歌》，又唱《講不出再見》，唱完陳慧嫻又唱陳百強，還有羅文和甄妮。

當我和家明拿著話筒深情對唱，浩子就和琪琪在一邊做嘔吐狀。

琪琪最拿手的是王菲的《催眠》，每次唱歌我都搶著幫她點這一首。

唱到「大風吹，大風吹，爆米花好美」中間這句時，我和家明總是湊到話筒旁，一邊對浩子做鬼臉，一邊大聲唱和。頂著一頭爆米花的浩子總是忍不住站起來，拿爆米花扔我們。琪琪就在旁邊笑彎了腰。

浩子偶爾會唱兩首張信哲的歌，雖然他天生五音不全，一開口就走音，但唱起來還算是款款深情。他最愛唱《信仰》，唱的時候雙眉緊皺，表情很沉痛地對著琪琪唱：如果當時吻你，當時抱你，或許結局難講……我愛你，是忠於自己忠於愛情的信仰……。每當這個時候，我和家明都會從打鬧中停下來，靜靜聽他把歌唱完。

那時候我們太年輕，也只有在那個年齡，才會一廂情願地認為愛是一種信仰，可以穿越時空直至永恆。才會相信，愛情是我們在俗世中，心靈得以救贖的最後一根支柱，失去了愛情，整個世界都會坍塌。

那個時候的世界是多麼好，天地間沒半點傷心的事。

二〇〇六年的冬天格外寒冷，冷空氣來勢洶洶地闖入小屋，對於那時候的我們，電暖爐是奢侈。後來琪琪告訴我，無數個寒冷徹骨的夜晚，浩子都執意要將她冰冷的腳抱在懷中，一遍遍地摩挲著。她會掉過頭去流淚，有時候是心酸，更多的是感動。

如果說我和家明是歡喜冤家，那麼浩子和琪琪就是模範情侶。浩子什麼都記在心裡，照顧女朋友細緻入微，我印象最深刻的一件事，是他在外面兼職得到一瓶紅牛[1]，他不捨得喝，硬要帶回來給琪琪。說是她讀書累，喝了可以提神。

兩個人的家境都不太好，琪琪每年能拿獎學金，但也在做兼職。自從和浩子在一起後，他就不讓她去了，說賺錢的事有他呢。但浩子也賺不到什麼錢。如果有個富爸爸，這一切當然不用愁，但他沒有；如果有個名牌大學的鍍金文憑，相對來說也好一些，但他也沒有。

於是畢業後的那一兩年，就成了他人生中最難熬的時期。為了謀生，他什麼工作都做過，印象中他總是在失業。有一次他失業長達三個月，只能偶爾打打零工，只能待在房間裡吃泡麵。

琪琪瞞著他去找了一份家教，第一次去上課時，她花了很多心血詳細備課，家長卻在給了她兩百元後說，以後不用再來了。那天她錯過了末班車。她奮力追趕，車子卻毫不留情地揚長而去。她徹底崩潰了，淚水決堤而出。

花了很長時間她才回到小屋，浩子在門口笑著迎上來詢問她怎麼樣，她疲憊地搖了搖頭。他訕訕地說：「我早說了，妳不用出去兼職，有我賺錢就行了。」

1
紅牛：一種能量飲料。

琪琪突然爆發了：「你總說有你就行了，可是你連自己都養不活！」話一出口，他愣住了，她也愣住了，連住在對面的我們都愣住了，以前不管發生什麼事，他們從來沒有大聲爭吵過。

嫌隙不可避免地產生了。沒有錢的日子，一個人過僅僅是落寞而已，兩個人在一起，心酸得沉重。連流淚的閒情也沒有，他們也不再爭吵，都忙著做兼職，夜晚一起算算全天的開支。為了省錢，浩子連幾塊錢的公車費也捨不得花。

二〇〇七年聖誕節，家明忙於學業，浩子在外加班，我和琪琪就約了一幫女生去逛街。

長沙街頭的聖誕節氣氛很濃，櫥窗裡擺放著閃閃發亮的聖誕樹。路過一家新開的哈根達斯店時，琪琪停下腳步，望著一對情侶發呆，兩個人你一口我一口，好像那客冰淇淋是世界上最好吃的東西。

琪琪對我說：「浩子前一陣說，聖誕節要請我去吃哈根達斯，不過他今天要加班，肯定忘了。」

我想安慰她。她卻自我開解：「其實也沒什麼好吃的，不就是個冰淇淋。」

我附和她說：「就是，還貴森森的。」

同宿舍的一個女生突然在前面叫我們：「快過來啊，有聖誕老人在發護膚品試用包呢。」我和琪琪興沖沖地跑了過去，戴著小紅帽的聖誕老人熱情地發給我們小禮物。這是個年輕的小夥子，還戴著一副眼鏡……老天，這不是浩子嗎！

我想趁琪琪沒注意拉著她走，可是她一動也不動，看著面前的浩子，兩個人都成了一尊石像。那天我們不知道是怎麼回到家的，琪琪一直沉默不語。

我以為她是因為浩子扮聖誕老人感到尷尬，直到她哭著說：「我真的好難過。浩子過得這麼辛苦了，我卻還惦記著要去吃哈根達斯。我好虛榮對不對，我恨死自己了。」

浩子也說他恨死自己了，手頭一點餘錢都沒有，連想請女朋友去吃個哈根達斯都得靠扮聖誕老人兼職，他說當自己被認出時，恨不得能像土行孫[2]那樣遁地。

長期以來的窘境就像一把沙子，磨得他們一身鈍鈍的痛，當他們還沒來得及把沙子抖掉時，生活又給了他們鋒利的一刀。

聖誕節後沒多久，琪琪意外懷孕了。

2
土行孫：《封神演義》中的人物。

那個時候的他們別無選擇，琪琪還在讀書，最重要的是，他們很窮，窮得根本不足以迎接一個生命的到來。他們抱頭痛哭後決定去醫院。我們是在一切結束後才知道這件事的。

從醫院出來時，浩子花光了身上所有的錢，當他攙扶著虛弱的琪琪走到街上，才發現連坐計程車回家的錢也沒有了。

幸好還有一張隨身攜帶的公車卡，於是只好坐公車回去。長沙的公車特別擠，沒有座位，他便用手臂圍成一個圈，將琪琪圈在裡面。公車搖搖晃晃的，每晃一下，琪琪的臉色就變得更白一點，浩子的心也跟著往下沉了一些。

過了幾站終於有了一個座位，浩子剛想讓琪琪坐下，一個中年大媽已經搶先一步。浩子硬著頭皮請求說：阿姨，請妳讓給我女朋友好不好，她剛做完手術。大媽高聲道：做完手術就叫車回去啊，跑到公車上來跟長輩搶什麼座位！她刺耳的聲音迴盪在車廂裡，車上的人都笑了。

在這哄笑聲中，他們甚至覺得，公車好像永遠都不會到站。

「從那以後，我再也沒法坐公車了，要麼打車，要麼寧願步行。」很多年後，浩子在跟我們說這些時，一直盯著窗戶外，不讓我們看見他的眼睛。就是從那一刻開始，他決定鬆開握著她的手，因為他再也沒辦法忍受她在自己身邊受苦。

在精心照顧琪琪一個月之後，他留了一封信便孤身南下，沒有留下任何聯繫方式。

二〇一一年，家明研究所畢業，我們也離開長沙來到廣東，在這裡和浩子再次相聚。這個時候的浩子，已經不再是那個彷徨潦倒的畢業生。我們見到他時，他已經是一家知名傢俱公司的銷售總監，正準備買房。和以前相比，浩子沉穩多了，話也少了，只有在和我們一起追憶往事時，眼睛裡才會亮光一閃。

我告訴他，他走之後，琪琪把自己關在他們的小屋裡，不吃不喝，只是一遍遍地看著《甜蜜蜜》，出來的時候，整個人已經瘦到變了形。「你也太狠心了，至少可以留個電話給我們。」「我怕你們會轉告她。」浩子說，他來南方的頭一年曾經寄錢給琪琪過，可是那些錢都被原封不動地退了回來。

我想了想，對他說：「琪琪好像有男朋友了。」

「我知道。」浩子說，他曾經回過一次長沙，在校園裡遠遠地看見琪琪和一個男孩手牽著手，他不敢靠近，一個人去麓山商業文明街轉了轉，可是那條街已經拆了，再也沒有電影院，再也沒有紅蘋果餐廳，再也沒有那個一看電影就哭著跟他要面紙的女孩了。

這些年來浩子也談過幾次戀愛，每次都談得不慍不火，女孩嫌他不夠投入。他如今可以請女孩看私人包廂的3D電影，也可以隨時請吃哈根達斯，可是有些東西在他心底已經熄滅了。

「妳知道嗎，每當我請女朋友去吃哈根達斯時，我就想，為什麼不是琪琪呢，琪琪是個多好的女孩，可是她跟我在一起的時候，連個破哈根達斯都沒吃過。」他始終覺得，琪琪跟著他從來沒有享過福。

「你怎麼能說她沒享過福。」我辯解說，「我覺得，琪琪跟你在一起的時候非常快樂。」「妳確定嗎？」「我當然確定。」

我確定，不僅僅是琪琪，我們所有人，那個時候都很開心。

二〇一三年，我和家明的寶寶已經一歲了。浩子還是孑然一身。那年春天，琪琪結婚了。家明代表我們去了她的婚禮，浩子在我家喝酒，我在臥室照看寶寶。只聽見他在客廳裡唱歌，還是那首張信哲的《信仰》：「如果當時吻你，當時抱你，或許結局難講。我那麼多遺憾，那麼多期盼，你知道嗎……」良久，歌聲漸漸弱下去，我抱著寶寶出去，看見浩子倒在沙發上喃喃地說：「只差一點點，那麼一點點……」

只差一點點，阿根廷就贏了德國隊；只差一點點，浩子就能和琪琪廝守終身；只差一點點，我們就能過上理想的生活。該死的，我們為之深深遺憾，卻又永遠無能為力的，一點點。

人生其實就是一個不斷認輸的過程。

每次你都想贏，

可是每次你都會差那麼一點點，

該死的一點點。

國家圖書館出版品預行編目資料
一輩子很長，要和有趣的人在一起 / 慕容素衣著 . -- 初版 . -- 新北市：
幸福文化出版社出版：遠足文化事業股份有限公司發行，2021.02

ISBN 978-986-5536-37-4(平裝)

1. 人生哲學
191.9 109020277

富能量 0009

一輩子很長，
要和有趣的人在一起

作　　者：慕容素衣
責任編輯：黃佳燕
封面設計：Bianco_Tsai
內文排版：王氏研創藝術有限公司

總 編 輯：林麗文
副 總 編：梁淑玲、黃佳燕
主　　編：賴秉薇、蕭歆儀
行銷企劃：林彥伶、朱妍靜

社　　長：郭重興
發 行 人：曾大福
出　　版：幸福文化／
　　　　　遠足文化事業股份有限公司
地　　址：231 新北市新店區民權路
　　　　　108-2 號 9 樓
網　　址：https://www.facebook.com/
　　　　　happinessbookrep/
電　　話：(02) 2218-1417
傳　　真：(02) 2218-8057

發　　行：遠足文化事業股份有限公司
地　　址：231 新北市新店區民權路
　　　　　108-2 號 9 樓
電　　話：(02) 2218-1417
傳　　真：(02) 2218-1142
電　　郵：service@bookrep.com.tw
郵撥帳號：19504465
客服電話：0800-221-029
網　　址：www.bookrep.com.tw

法律顧問：華洋法律事務所 蘇文生律師
印　　刷：通南彩色印刷公司

初版 1 刷：2021 年 02 月
初版 8 刷：2023 年 02 月
定　　價：360 元